LA HISTORIA DE ESTER

Libro de actividades

La historia de ester: Libro de actividades

Bible Pathway Adventures® es una marca registrada de BPA Publishing Ltd. Defenders of the Faith® es una marca registrada de BPA Publishing Ltd.

ISBN: 978-1-989961-94-0

Autora: Pip Reid
Director Creativo: Curtis Reid
Editora: Aileen Nieto

Para más libros de actividades y materiales imprimibles sobre la Biblia, visite nuestro sitio web en:

www.biblepathwayadventures.com

◇◇ **Introducción** ◇◇

Disfrute enseñando a sus niños sobre la Biblia con la historia de *Ester: Libro de actividades*. Este libro está lleno de planes de lecciones detallados, hojas de trabajo, páginas para colorear, manualidades y rompecabezas, para ayudar a educadores como usted a enseñar a los niños la fe bíblica. Incluye referencias a las Escrituras para una rápida consulta de versículos de la Biblia y una práctica guía de respuestas para los educadores.

Bible Pathway Adventures® ayuda a los educadores a enseñar a los niños la fe bíblica de una forma divertida y creativa. Hacemos esto a través de nuestros libros de actividades y actividades imprimibles, todo disponible en nuestro sitio web: www.biblepathwayadventures.com.

Gracias por comprar este libro de actividades y apoyar nuestro ministerio. Cada libro comprado nos ayuda a continuar nuestro trabajo proporcionando paquetes de clases gratis y recursos de discipulado a familias y misiones de todo el mundo.

¡La búsqueda de la verdad es más divertida que la tradición!

◇◇ **Tabla de Contenidos** ◇◇

Lección 1 | **Plan de la lección**
Fiesta en el palacio

Docente:_____

El pasaje de la Biblia de hoy: Ester 1:1-2:11

Oración de bienvenida:
Rece una simple oración con los niños antes de empezar la lección.

Objetivos de la lección:
En esta lección, los niños aprenderán:
1. Por qué el rey envió lejos a la reina Vasti
2. Por qué muchas mujeres hermosas fueron a conocer al rey

¿Lo sabías?
La fiesta del rey Asuero para los líderes de Persia duró seis meses. Su segunda fiesta para el pueblo de Susa duró siete días.

Resumen de la lección de la Biblia:
En el tercer año del reinado del rey Asuero sobre el Imperio persa, ofreció un banquete para todos sus oficiales en el palacio. No mucho después, celebró otra fiesta para la gente de Susa. Cuando estaba bebiendo, le ordenó a la reina Vasti que fuera a verlo, pero ella se negó. Esto hizo que Asuero la desterrara de su presencia para siempre. Sintiéndose solo, sus reyes magos le sugirieron que buscara una nueva reina, por lo que ordenó que le llevaran a todas las muchachas hermosas de Susa. Una de ellas era una joven hebrea llamada Hadassah, pero todos la conocían como Ester. Su primo Mardoqueo le advirtió: "No le digas a nadie que eres hebrea ni quién soy yo".

Repasemos:

Preguntas para hacer a sus estudiantes:

1. ¿En qué año de su reinado el rey invitó a sus oficiales y sirvientes a una fiesta?
2. ¿Cuántas fiestas hizo el rey Asuero para el pueblo?
3. ¿Por qué a Vasti no le permitió seguir siendo reina de Persia?
4. ¿Cuál era el nombre hebreo de Ester?
5. ¿Quién era el primo de Ester?

Un versículo de memoria para ayudar a los niños a recordar la Palabra de Dios:

"En los días de Asuero, el Asuero que reinó desde la India hasta Etiopía sobre ciento veintisiete provincias… sobre el trono de su reino, el cual estaba en Susa…" (Ester 1:1-2).

Actividades:

Página para colorear: La fiesta del rey

Hoja de trabajo: ¿Quién era el rey Asuero?

Cuestionario de la Biblia: Rey Asuero

Hoja de trabajo: ¿Quién soy?

Hoja de trabajo: Los reyes magos (sabios)

Hoja de trabajo: ¿Lo sabías?

Cuestionario de la Biblia: Reina Vasti

Pregunta y colorea: Reina Vasti

Hoja de trabajo de periódico: El Tiempo de Persia

Hoja de trabajo: Reyes de Persia

Hoja de trabajo: Exiliados en Babilonia

Actividad del mapa: El antiguo Imperio persa

Oración final:

Termine la lección con una pequeña oración.

"...en el tercer año de su reinado hizo banquete a todos sus príncipes y cortesanos..."

(Ester 1:3)

¿Quién era el rey Asuero?

El rey Asuero de Persia fue uno de los gobernantes más famosos e influyentes del mundo antiguo. Era hijo del rey Darío I y la reina Atosa, y nieto de Ciro el Grande, el fundador del Imperio aqueménida. Gobernó desde el 486 a.C. hasta el 465 a.C., lo que lo convirtió en uno de los gobernantes más antiguos del Imperio persa. Asuero fue recordado por su gran y majestuoso gobierno. Fue un gran constructor, pues construyó muchos grandes palacios y monumentos en toda Persia, además de crear una vasta red de caminos para conectar las distintas provincias del imperio. También fue responsable de la construcción del Camino Real de Persia, una carretera que se extendía desde Sardis a Susa que incrementó el comercio y la comunicación en todo el imperio.

Asuero era famoso por su gran sabiduría e inteligencia. Era un diplomático hábil, capaz de negociar tratados de paz con las naciones vecinas y mantener buenas relaciones con varias potencias extranjeras. También alentó el desarrollo del arte y la cultura, reuniendo en su corte a escritores, músicos y eruditos talentosos de todo el imperio.

1. ¿Cuándo gobernó el rey Asuero de Persia?

_____

2. ¿Por qué es recordado el rey Asuero de Persia?

_____

_____

3. ¿Qué hizo el rey Asuero de Persia para promover el desarrollo del arte y la cultura?

_____

_____

Rey
ASUERO

Lee Ester 1-8. Responde las siguientes preguntas.

① ¿Qué reino gobernó el rey Asuero?

② ¿Quién fue la esposa del rey Asuero antes de Ester?

③ ¿En qué año de su reinado el rey hizo dos fiestas?

④ ¿Por qué el rey envió lejos a Vasti?

⑤ ¿Por qué el rey eligió a Ester para que fuera su esposa?

⑥ ¿Qué secreto mantuvo Ester ante el rey?

⑦ ¿Quién le salvó la vida al rey informando sobre un plan malvado para matarlo?

⑧ ¿Quién convenció al rey de que permitiera la destrucción de los hebreos?

⑨ ¿Cómo Ester logró detener el plan de Amán de destruir a los hebreos?

⑩ ¿Cómo el rey salvó a los hebreos?

¿Quién soy?

Lee Ester 1:1-9:32. Hay seis personajes principales en la historia de Ester.
¿Qué tan bien los conoces? Bajo cada retrato, escribe dos datos sobre
cada personaje bíblico. Colorea a las personas.

Asuero

....
....
....

Vasti

....
....
....

Ester

....
....
....

Mardoqueo

....
....
....

Amán

....
....
....

Zeres

....
....
....

Los reyes magos (sabios)

El término *magos* era el nombre de los sacerdotes y sabios entre los medos, persas, babilonios y caldeos. Eran una casta sacerdotal antigua y poderosa que tenía un gran conocimiento de la medicina, la astronomía y otras ciencias. No había separación de iglesia y Estado en Persia. Los sabios aconsejaron a los reyes de los babilonios, medos y persas en asuntos divinos y cotidianos. No es de extrañar que el rey Asuero recurriera a ellos en busca de consejo cuando la reina Vasti se negó a verlo (Ester 1:10-22).

Los magos, o reyes magos como también se les conocía, vestían túnicas blancas y sombreros altos de fieltro, con largas solapas laterales que les cubrían las mejillas hasta la barbilla. A menudo llevaban varillas de zahorí (conocidas como barsom) que usaban para oficiar sacrificios. Los reyes magos fueron reconocidos por su estudio y conocimiento de la astrología y la astronomía. Mantuvieron registros astronómicos detallados durante más de 360 años, lo que nos ayuda a comprender cómo los sabios de Oriente reconocieron y siguieron la estrella que los condujo a Belén muchos años después.

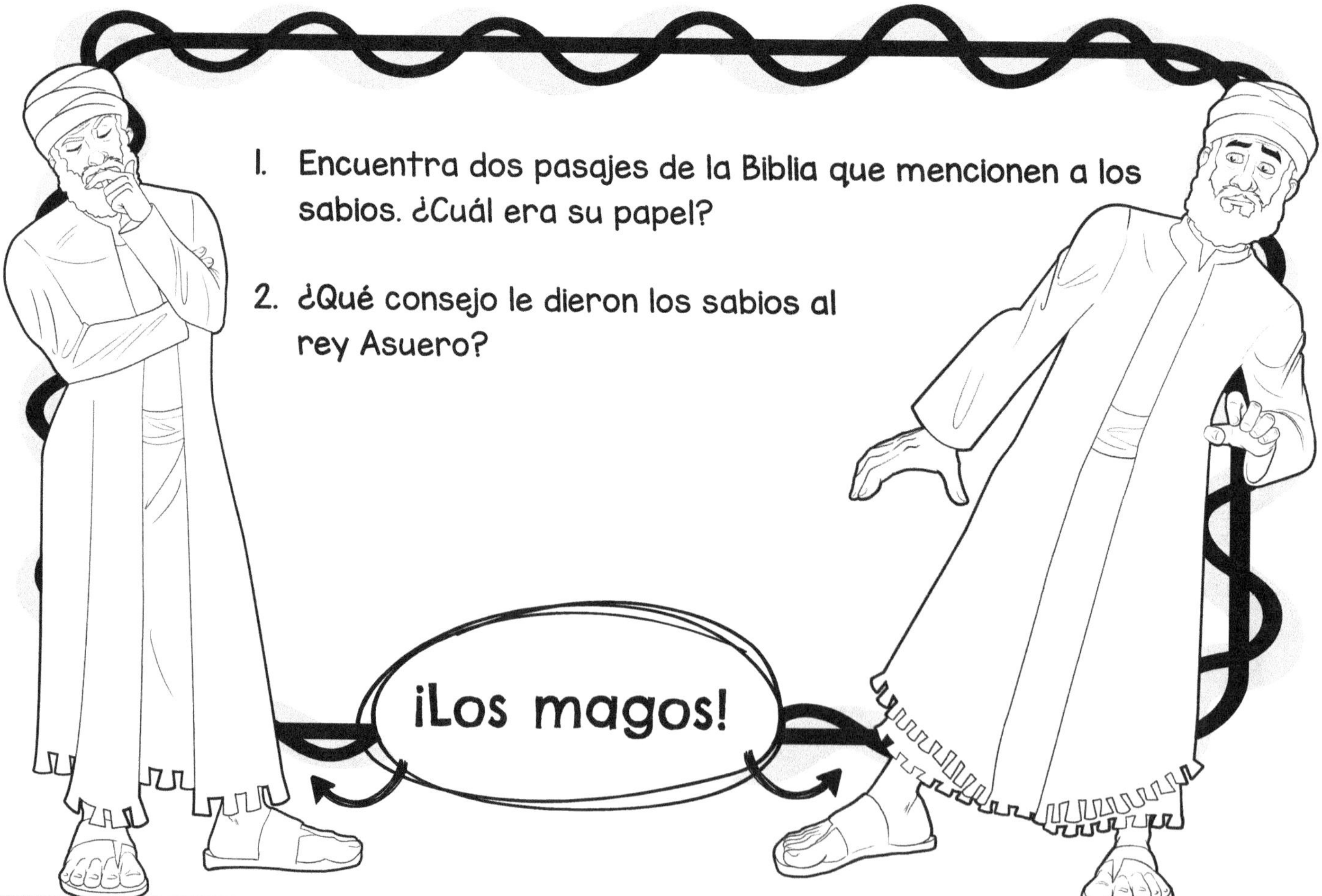

1. Encuentra dos pasajes de la Biblia que mencionen a los sabios. ¿Cuál era su papel?

2. ¿Qué consejo le dieron los sabios al rey Asuero?

¡Los magos!

¿Lo sabías?

La fiesta del rey Asuero duró 180 días. Su segunda fiesta para el pueblo de Susa duró solo siete días. La reina Vasti también ofreció un banquete para las mujeres en el palacio real (Ester 1:1-9). En la antigua Persia, las mujeres de la realeza organizaban fiestas lujosas. Para estas ocasiones se pedían grandes cantidades de vino, carne y otros alimentos, con o sin las órdenes selladas del rey.

Lee Ester 1. Dibuja una escena de la fiesta de la reina Vasti.

Reina
VASTI

Lee Ester 1-2. Responde las siguientes preguntas.

1. ¿Quién era el esposo de Vasti?

2. ¿De qué imperio era reina Vasti?

3. ¿En qué año de su reinado el rey celebró dos fiestas?

4. ¿Dónde Vasti celebró una fiesta para las mujeres?

5. ¿Por qué el rey quería mostrar a Vasti al pueblo?

6. ¿Qué le pidió el rey que se pusiera?

7. ¿Cómo reaccionó Vasti a la petición del rey?

8. ¿A quién le pidió consejo el rey?

9. ¿Qué castigo sufrió Vasti por desobedecer al rey?

10. ¿Quién reemplazó a Vasti como reina de Persia?

Reina Vasti

Abre tu Biblia y lee Ester 1:1-22.
Responde las preguntas. Colorea la imagen.

1. ¿Quién era el esposo de la reina Vasti?

....

....

....

2. ¿Por qué crees que Vasti no fue a ver a su esposo?

....

....

....

3. ¿Qué le dijeron los sabios al rey que hiciera sobre Vasti?

....

....

....

Ciudad de Susa

El Tiempo de Persia

REINO DE PERSIA   UNA PUBLICACIÓN DE HISTORIA DE LA BIBLIA

El rey necesita una nueva esposa

....

....

....

....

....

....

Fiesta en el palacio

¡Desterrada la reina Vasti!

....

....

....

....

Reyes de Persia

Usa Internet, una enciclopedia y revistas para investigar sobre los reyes de Persia.
Imprime o recorta imágenes de reyes persas y pega una imagen en cada cuadro.
Escribe un breve párrafo sobre cada rey.

IMAGEN

....

....

....

IMAGEN

....

....

IMAGEN

....

....

....

IMAGEN

....

....

....

¡Exiliados en Babilonia!

Hace muchos años, las doce tribus de Israel vivían juntas en la tierra de Canaán y adoraban a Yahweh, el Dios de Abraham, Isaac y Jacob. A medida que se enriquecían y comenzaban a adorar a otros dioses, Dios advirtió a los israelitas que los esparciría entre las naciones. Y eso fue lo que pasó. Primero, las diez tribus del norte de Zabulón, Gad, Dan y otras fueron conducidas por los asirios en 722 a.C. y finalmente esparcidos por todo el mundo. En 586 a.C., las tribus de Judá y Benjamín, y algunos de Leví, fueron hechos prisioneros por los babilonios y llevados al exilio.

El profeta hebreo Jeremías dijo que los israelitas no debían pelear contra sus enemigos sino ir tranquilamente al cautiverio en Babilonia (que luego se convirtió en Persia). Después de setenta años, se les permitiría regresar a casa (Jeremías 25 y 29). Después de esos setenta años, el conquistador persa de Babilonia, Ciro el Grande, autorizó a los israelitas a regresar a su tierra natal. Los historiadores están de acuerdo en que los israelitas que regresaron abandonaron Babilonia en varios momentos, pero muchos israelitas optaron por quedarse o mudarse a otro lugar.

1. ¿Por qué Dios esparció a las tribus de Israel entre las naciones?

....

2. ¿Qué consejo les dio Jeremías a los israelitas?

....

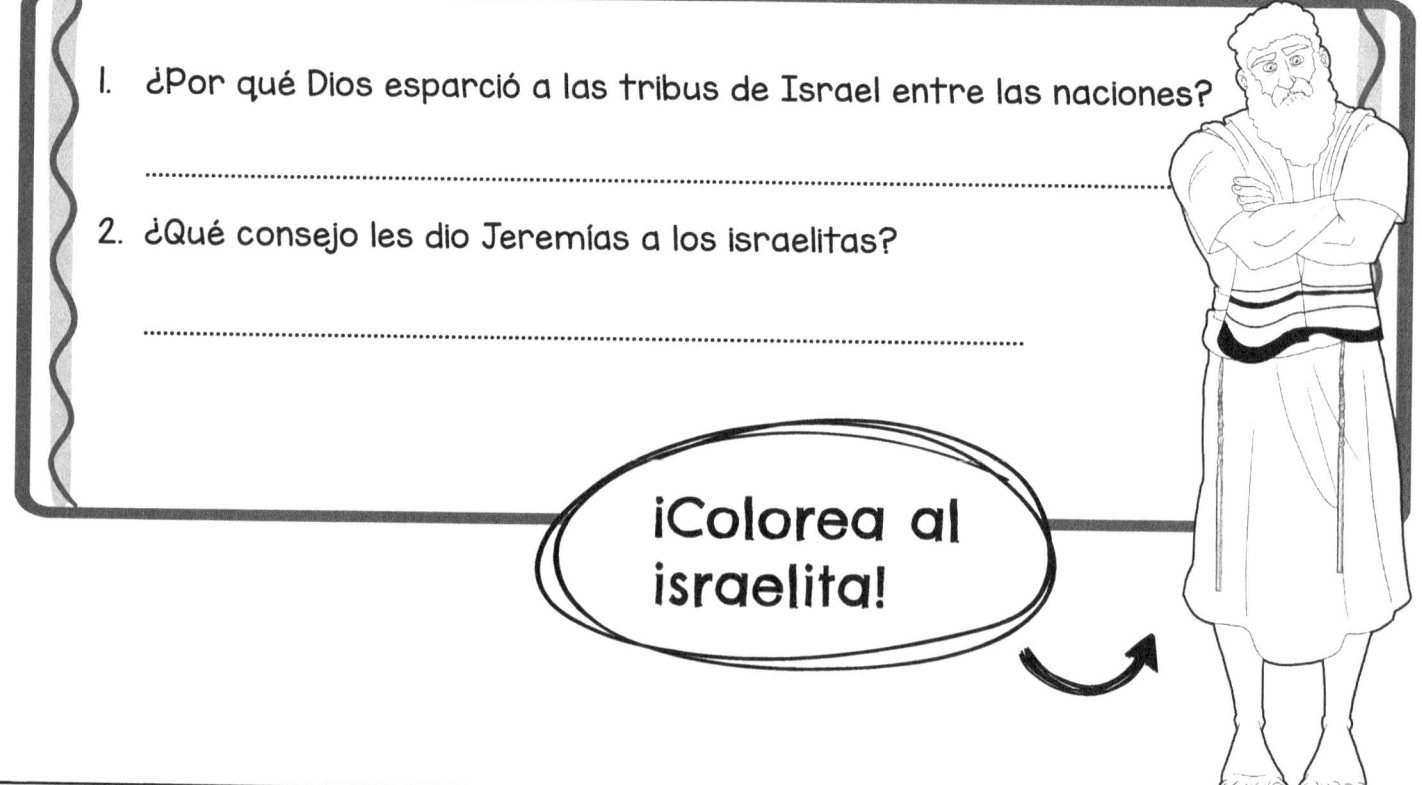

¡Colorea al israelita!

El antiguo Imperio persa

Encuentra y marca los límites de la antigua Persia.
¡Quizás tengas que usar Internet o un atlas histórico para encontrar las respuestas!

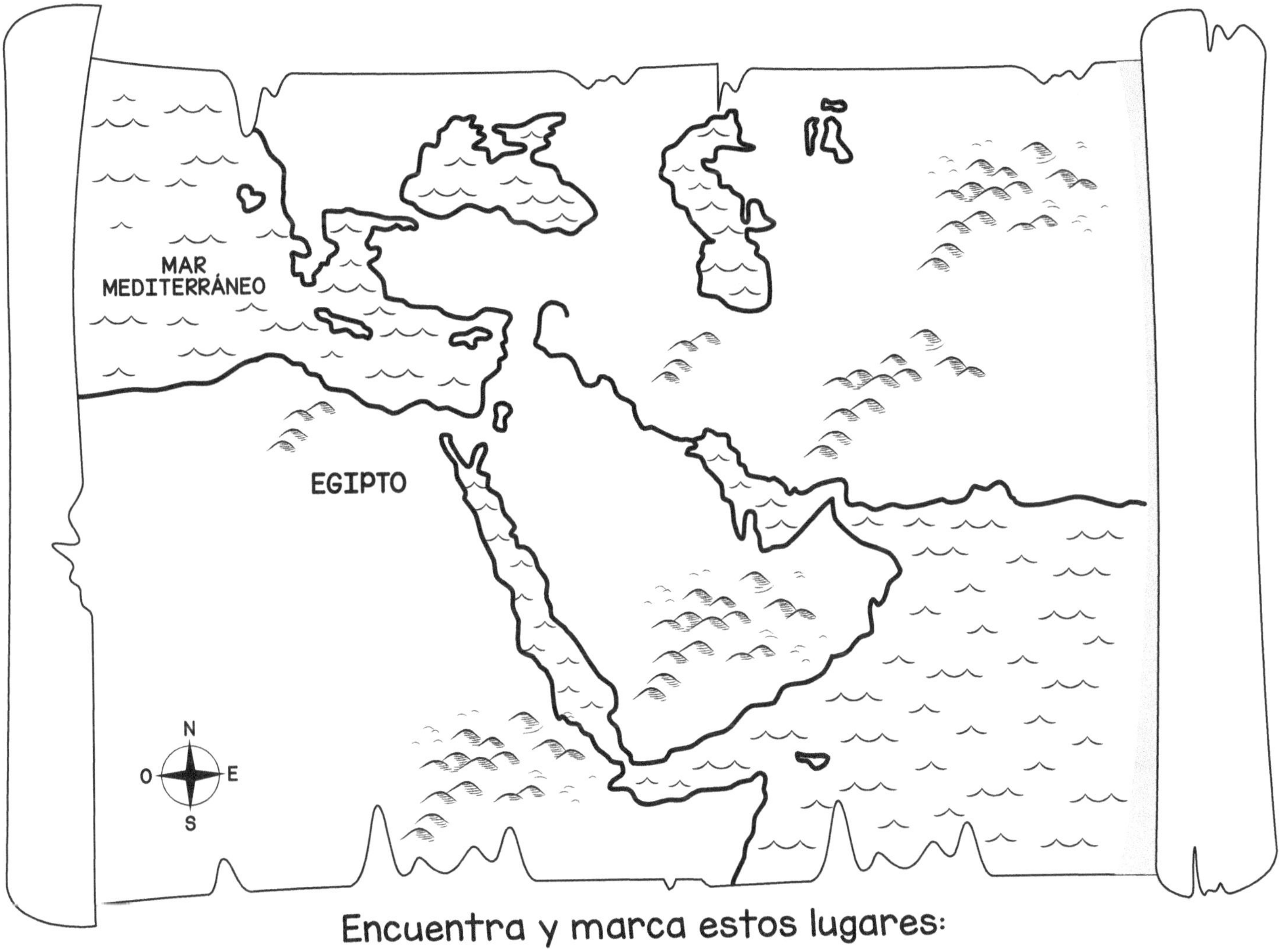

MAR
MEDITERRÁNEO

EGIPTO

N
O · E
S

Encuentra y marca estos lugares:

Jerusalén   Mar Rojo
Susa   Siria
Babilonia   Partia
Río Éufrates   Arabia

Lección 2 | Plan de la lección
Ester se casa con el rey

Docente:_____

El pasaje de la Biblia de hoy: Ester 2:1-23

Oración de bienvenida:
Rece una simple oración con los niños antes de empezar la lección.

Objetivos de la lección:
En esta lección, los niños aprenderán:
1. Cómo se preparó Ester para conocer al rey
2. Cómo Mardoqueo le salvó la vida al rey

¿Lo sabías?
Ester nació como Hadassah, un nombre judío que significa mirto.

Resumen de la lección de la Biblia:
Durante un año, Ester y otras jóvenes trabajaron duro en preparación para su encuentro con el rey Asuero. Todos los días eran prodigadas con tratamientos de belleza, que incluían aceites especiales, especias y perfumes. Después de doce meses, Ester fue a ver al rey a su palacio. El rey la quería más que a las otras mujeres. Le colocó una corona en la cabeza y la convirtió en su nueva reina. La celebró a lo grande y distribuyó generosos obsequios a la gente. Más tarde, Mardoqueo escuchó a dos sirvientes que conspiraban para asesinar al rey e informó a Ester, quien luego se lo informó al rey. Como resultado, los dos sirvientes fueron ahorcados, pero a Mardoqueo no se le dio una recompensa.

Repasemos:

Preguntas para hacer a sus estudiantes:

1. ¿Por cuánto tiempo Ester se preparó para conocer al rey?
2. ¿A dónde fue Ester para conocer al rey?
3. ¿Por qué el rey hizo de Ester su nueva reina?
4. ¿Qué conspiración escuchó Mardoqueo?
5. ¿Qué les pasó a los sirvientes que conspiraron para matar al rey?

Un versículo de memoria para ayudar a los niños a recordar la Palabra de Dios:

"Y el rey amó a Ester más que a todas las otras mujeres, y halló ella gracia y benevolencia delante de él..." (Ester 2:17).

Actividades:

Hoja de trabajo: Mudándose de casa
Rompecabezas: ¿Cuál es el secreto de Ester?
Versículo de memoria para colorear: Ester
Hoja de trabajo: ¿Qué es mirra?
Página para colorear: Ester se casa con el rey
Hoja de trabajo: Una reina especial
Sopa de letras de la Biblia: El Imperio persa
Cuestionario de la Biblia: Reyes de la Biblia
Hoja de trabajo para colorear: Mardoqueo
Hoja de trabajo: La Puerta del Rey
Escritura creativa: Rey Asuero
Palabras desordenadas de la Biblia: ¿A quién amaba el rey?
Aprendamos hebreo: Benjamín

Oración final:

Termine la lección con una pequeña oración.

Mudándose de casa

Cuando Ester se mudó al palacio del rey bajo el cuidado de Hegai, ¿qué se llevó consigo? Piensa en la vida en la antigua Persia y haz una lista de artículos. Dibuja cada artículo dentro del saco.

1. ....
2. ....
3. ....
4. ....
5. ....
6. ....
7. ....
8. ....
9. ....
10. ....

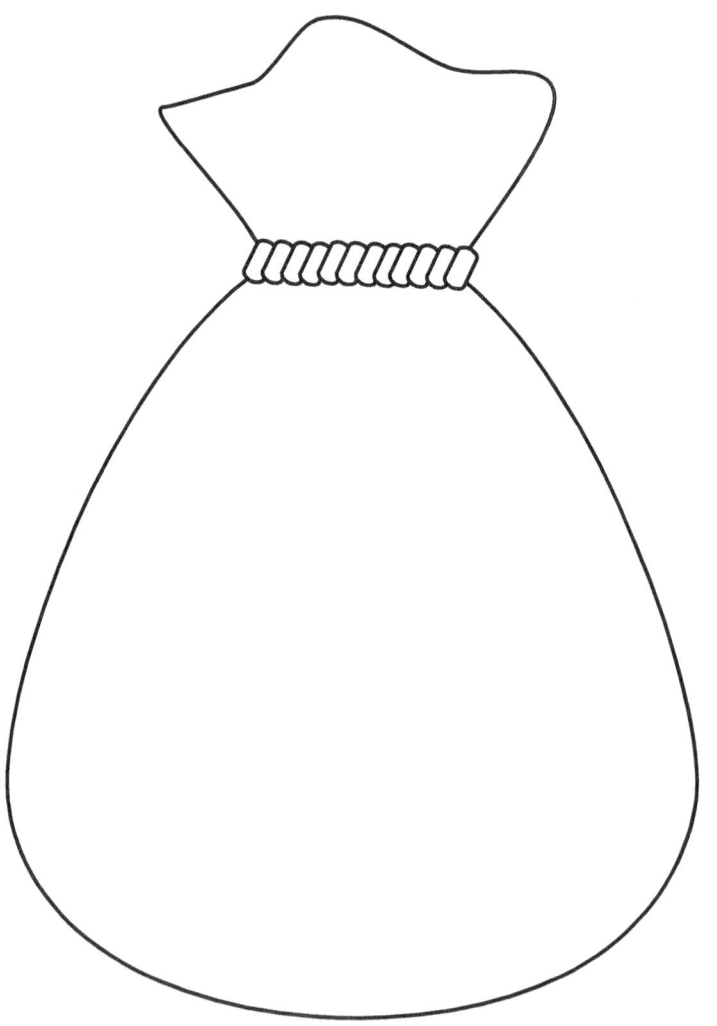

¿Cuál es el secreto de Ester?

Completa los espacios en blanco usando la tabla de abajo.

¿Puedes guardar un secreto?

$\overline{5}\ \overline{19}\ \overline{20}\ \overline{5}\ \overline{18}$

$\overline{5}\ \overline{19}$

$\overline{8}\ \overline{5}\ \overline{2}\ \overline{18}\ \overline{5}\ \overline{1}$

A	B	C	D	E	F	G	H	I	J	K	L	M
1	2	3	4	5	6	7	8	9	10	11	12	13

N	O	P	Q	R	S	T	U	V	W	X	Y	Z
14	15	16	17	18	19	20	21	22	23	24	25	26

"...ganaba Ester el favor de todos los que la veían."

(Ester 1:3)

¿Qué es mirra?

"Y cuando llegaba el tiempo de cada una de las doncellas para venir al rey Asuero, después de haber estado doce meses conforme a la ley acerca de las mujeres, pues así se cumplía el tiempo de sus atavíos, esto es, seis meses con óleo de mirra y seis meses con perfumes aromáticos y afeites de mujeres…" (Ester 2:12).

La mirra es una resina de olor dulce que se obtiene de los árboles que se encuentran en partes de Arabia y África. La resina se endurece en pepitas en forma de perlas que luego se destilan al vapor para producir un aceite esencial. El aceite tiene un olor limpio y terroso con un toque de regaliz y se usaba comúnmente en la antigüedad para perfumería, incienso, fines medicinales y sagrados. Ester usó este aceite para prepararse para conocer al rey.

A veces en la historia, la mirra era más valiosa que el oro. Todavía se usa hoy en día en pasta de dientes, enjuagues bucales, como antiséptico y medicina. Los usos tradicionales de la mirra incluyen el tratamiento de heridas e infecciones de la piel. Cuando se frota en la garganta, se dice que la mirra ayuda a aliviar el dolor de garganta. La mirra recibe su nombre del hebreo "murr" o "maror", que se traduce como "amargo".

Puedo usar mirra para...

....

....

....

....

Ester se casa con el rey

El rey amó a Ester más que a todas las mujeres y ella ganó gracia y favor ante sus ojos.
Puso la corona real sobre su cabeza y la hizo reina en lugar de Vasti.
Entonces el rey hizo un gran banquete para todos sus oficiales y siervos (Ester 2:5-18).
Dibuja tu escena favorita de este pasaje bíblico.

Una reina especial

¿Ester y el rey tenían un contrato de matrimonio? En la antigua Persia, los contratos de matrimonio se hacían entre el esposo y la familia de la novia. El esposo se comprometía a recibir a la mujer en matrimonio y se presentaban obsequios a la novia y su familia. Si el esposo quería una segunda esposa, le daba una suma de dinero a la primera esposa. Entonces era libre de regresar a su hogar. Dependiendo de la riqueza del esposo, la dote de una novia podría incluir tierras, artículos para el hogar, joyas, dinero y esclavos. También existieron matrimonios mixtos entre persas y no persas, y los niños reales se utilizaron en matrimonios para crear alianzas estratégicas entre grupos y naciones.

Textos descubiertos por los historiadores de Susa en Babilonia dan cuenta de la boda de Alejandro con la princesa Estatira (hija del rey Darío III). La boda se llevó a cabo según la tradición persa: "La novia entró en la habitación y se sentó junto al novio. Él tomó sus manos y las besó. Los dos comieron de la misma hogaza de pan cortada en dos partes por una espada y bebieron un poco de vino. Después de la ceremonia, su esposo llevó a la novia a casa".

1. ¿A quién amó el rey Asuero más que a las otras mujeres?

2. ¿Cómo el rey hizo reina de Persia a Ester?

3. ¿Cómo el rey celebró su matrimonio con Ester?

¡Ester se convierte en reina!

El Imperio PERSA

Encuentra y encierra en un círculo las siguientes palabras.

```
G G V V X T J X G Z R Y Y T K
I O R S R V K A O K C I R T A
M T B Y Q E K P B Z U V I P S
P N L E X N H I E B N K A R U
E D I P R Y D S R C E F U O E
R P T I R N L C N C I G H V R
I U J L G W A F A I F V V I O
O P C U P N Z D D X O T V N H
D Y J I E F C O O X R U W C Z
G H B H R L E H R R M J D I X
J K R A S O Z U K Q E I A A G
X B A H A H H I I Y K S R S Y
P U X K S O K R S U S A Í M R
H P E R S I A V W F W N O B N
Q H P R M A G O S Q Y R M F U
```

CIRO

DARÍO

GOBERNADORES

GOBERNADOR

SUSA

PERSAS

ASUERO

PROVINCIAS

MAGOS

IMPERIO

CUNEIFORME

PERSIA

Reyes de la BIBLIA

Lee 1 Samuel 9,16-17, Daniel 5-6, Números 22, 2 Crónicas 3, Ester 1-2 y Mateo 14. Responde las siguientes preguntas.

1. ¿Quién fue el primer rey de Israel? (1 Samuel 9)

2. ¿Qué profeta ungió a David como rey? (1 Samuel 16)

3. ¿Qué rey hizo que arrojaran a Daniel a los leones? (Daniel 6)

4. ¿Qué rey quería que Balaam maldijera a los israelitas? (Números 22)

5. ¿Qué rey construyó el primer templo en Jerusalén? (2 Crónicas 3)

6. ¿Cuál era el trabajo de David antes de convertirse en rey? (1 Samuel 17)

7. ¿Qué rey vio la escritura en la pared? (Daniel 5)

8. ¿De cuál rey fueron esposas Vasti y Ester? (Ester 1-2)

9. ¿Quién tuvo un sueño sobre una estatua hecha de diferentes metales? (Daniel 2)

10. ¿Qué rey encarceló a Juan el Bautista? (Mateo 14)

Mardoqueo

Lee Ester 2:1-23. Escribe un resumen corto de este pasaje de la Biblia a continuación.

....

....

....

1. ¿Qué chica ayudó a criar Mardoqueo?

....

....

2. ¿Qué instrucciones le dio Mardoqueo a Ester?

....

....

3. ¿Cómo Mardoqueo le salvó la vida al rey?

....

....

Dibuja tu escena favorita de esta historia.

¿Qué puede enseñarme la vida de Mardoqueo?

....

....

Dios usó a Mardoqueo para...

....

....

La Puerta del Rey

En el antiguo Cercano Oriente, la Puerta del Rey se refería a un gran edificio cerca de los edificios principales del palacio. La frase "Puerta del Rey" era un término para el palacio y la corte, y "los de la Puerta" era un tipo de título de la corte. Las puertas reales eran lugares donde la gente podía ir a hablar con el rey o escuchar sus juicios. El libro de Ester registra que los siervos del rey conspiraron a la puerta del rey para asesinarlo. Mardoqueo escuchó el complot y se lo informó a Ester, quien le dio la noticia al rey (Ester 2:19-23).

En la antigua ciudad persa de Persépolis, la Puerta del Rey era un lugar donde los peticionarios esperaban para reunirse con el rey. Fueron interrogados por guardias de seguridad allí y luego admitidos en el patio. Los mensajeros enviaban mensajes entre el patio y la sala de audiencias donde el rey recibía a los invitados. A fines del siglo XIX, un arqueólogo francés desenterró las ruinas del palacio de Susa después de haber estado enterrado durante más de 2.000 años.

1. ¿Qué pasaba en la Puerta del Rey durante la época de Ester?

....

2. Investiga. ¿En qué país moderno está ubicada la ciudad de Susa?

....

¡Colorea la Puerta del Rey!

Rey Asuero

Abre tu Biblia y lee Ester 1:1-2:23. ¿Qué hechos descubriste sobre el rey Asuero?
Escribe un párrafo para describir al rey.

....

....

....

....

....

....

....

....

....

....

....

1. ¿Por qué crees que el rey amaba a Ester más que a las otras mujeres?

2. ¿Cómo puso el rey Asuero expandir el Imperio persa?

¿A quién amaba el rey?

Ordena las palabras para encontrar la respuesta. *Pista: lee Ester 2:17 (RV1960).*

"...el yre óam a Esetr ásm

_____

uqe a dasto sla sarto

_____

jeresum, y llóha alle argaci y

_____

nebeovacilen etedlan ed lé..."

_____

Binyamin

El nombre hebreo de Benjamín es Binyamin. Benjamín fue el 12º hijo de Jacob (Israel). En la tierra de Egipto, José probó a sus hermanos diciendo que mantendría a Benjamín como su esclavo. Cuando la tribu de Benjamín llegó a la Tierra Prometida, recibió una porción de tierra al norte de Jerusalén. La tribu de Benjamín era conocida por sus buenos luchadores. Los hombres famosos de esta tribu incluyen a Mardoqueo, el rey Saúl y el apóstol Pablo.

Binyamin

בִּנְיָמִין

Benjamín

Traza el nombre hebreo aquí:

בִּנְיָמִין

Escribe el nombre hebreo aquí:

¡Vamos a escribir!

Practica a escribir el nombre hebreo de Benjamín en las líneas de abajo.

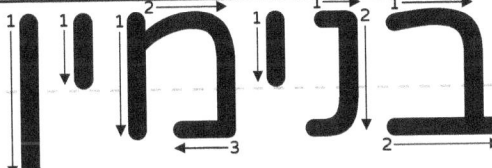

Inténtalo por tu cuenta.
Recuerda que el hebreo se lee de DERECHA a IZQUIERDA.

Lección 3 | Plan de la lección
Una reina sabia

Docente:_____

El pasaje de la Biblia de hoy: Ester 4:1-5:8

Oración de bienvenida:
Rece una simple oración con los niños antes de empezar la lección.

Objetivos de la lección:
En esta lección, los niños aprenderán:
1. Por qué Amán quería destruir a los hebreos
2. Cómo se preparó Ester para ir a hablar con el rey

¿Lo sabías?
Cuando las personas en la Biblia estaban tristes o de duelo, vestían cilicio y se ponían ceniza en el cabello. Esto mostraba arrepentimiento y dolor.

Resumen de la lección de la Biblia:
Amán era un hombre malvado que no quería a Mardoqueo en absoluto. Persuadió al rey para que aprobara una ley que destruyera a los hebreos. Al escuchar la noticia, Mardoqueo estaba angustiado. Le pidió a Ester que ayudara a los hebreos, a pesar de su temor de acercarse al rey. Para reforzar su valor, Ester oró y ayunó durante tres días antes de ir a verlo. Cuando llegó, el rey la recibió y prometió concederle todo lo que deseara. Ester invitó al rey y a Amán a un banquete.

Repasemos:

Preguntas para hacer a sus estudiantes:

1. ¿Quién era Amán?
2. ¿Qué ley aprobó el rey?
3. ¿Qué hizo Ester antes de ir a ver al rey?
4. ¿Por qué Ester tenía miedo de ir ante el rey?
5. ¿Qué hizo el rey cuando vio a Ester?

 Un versículo de memoria para ayudar a los niños a recordar la Palabra de Dios:

"¿Y quién sabe si para esta hora has llegado al reino?" (Ester 4:14).

Actividades:

Hoja de trabajo de comprensión: El malvado plan de Amán
Hoja de trabajo: ¿Quién era Amán?
Cuestionario de la Biblia: Mardoqueo
Sopa de letras de la Biblia: Ester
Hoja de trabajo: Ester
Hoja de trabajo para colorear: Ester
Hoja de trabajo: La historia de Amán
Página para colorear: Ester habla con el rey
Manualidad de la Biblia: Haz una corona
Actividad de la Biblia: ¡Ester era valiente!
Laberinto: El banquete de Ester
Aprendamos hebreo: Ester
Actividad de la Biblia: ¿Quién lo dijo?

 ## Oración final:

Termine la lección con una pequeña oración.

El malvado plan de Amán

Lee Ester 3:5-11. Responde las preguntas.

"Y vio Amán que Mardoqueo ni se arrodillaba ni se humillaba delante de él; y se llenó de ira. 6 Pero tuvo en poco poner mano en Mardoqueo solamente, pues ya le habían declarado cuál era el pueblo de Mardoqueo; y procuró Amán destruir a todos los judíos que había en el reino de Asuero, al pueblo de Mardoqueo. En el mes primero, que es el mes de Nisán, en el año duodécimo del rey Asuero, fue echada la Pur, esto es, la suerte, delante de Amán, suerte para cada día y cada mes del año; y salió el mes duodécimo, que es el mes de Adar. Y dijo Amán al rey Asuero: Hay un pueblo esparcido y distribuido entre los pueblos en todas las provincias de tu reino, y sus leyes son diferentes de las de todo pueblo, y no guardan las leyes del rey, y al rey nada le beneficia el dejarlos vivir. Si place al rey, decrete que sean destruidos; y yo pesaré diez mil talentos de plata a los que manejan la hacienda, para que sean traídos a los tesoros del rey. Entonces el rey quitó el anillo de su mano, y lo dio a Amán hijo de Hamedata agagueo, enemigo de los judíos, y le dijo: La plata que ofreces sea para ti, y asimismo el pueblo, para que hagas de él lo que bien te pareciere".

1. ¿Por qué Amán quería destruir a los hebreos?

....

....

....

....

2. ¿Qué le dijo Amán al rey sobre los hebreos?

....

....

....

....

3. ¿Por qué crees que el rey aceptó el plan de Amán?

....

....

....

....

¿Quién era Amán?

Lee Ester 3:1-7:10. Completa la siguiente hoja de trabajo.

Vivió en:

....

Casado con:

....

Amán tuvo .... hijos.

Amán es más famoso por:

....

....

Cinco palabras que describen a Amán:

1. ....

2. ....

3. ....

4. ....

5. ....

Tres datos importantes sobre Amán:

....

....

....

MARDOQUEO

Lee Ester 1-6. Responde las siguientes preguntas.

1. ¿De qué tribu de Israel era Mardoqueo?

2. ¿En qué reino vivió Mardoqueo?

3. ¿Quién era la reina de Persia en este tiempo?

4. ¿A qué miembro de la familia Mardoqueo ayudó a criar?

5. ¿Qué instrucciones le dio Mardoqueo a Ester cuando ella entró al palacio? (Ester 2:10)

6. ¿Cómo se llamaba el oficial del rey que odiaba a Mardoqueo?

7. ¿Cómo honró el rey de Persia a Mardoqueo por salvarle la vida?

8. ¿Qué hizo Amán cuando Mardoqueo se negó a arrodillarse frente a él?

9. ¿Por qué Amán mandó a construir unas horcas?

10. Después de que Amán fuera colgado, ¿cómo recompensó el rey a Mardoqueo?

ESTER

Lee Ester 1-8. Encuentra y encierra en un círculo las siguientes palabras.

```
D G P H E B R E O J D Q S H F
M O U A M Y G O I O G W M Q N
L A C Z L B C C T V D Z W O F
W P R B D A X Z J A W L I U P
J K U D B E C F N M V A V Y U
I B Z K O N A I I Á D C E A R
N A W B N Q X M O N F E Q B I
T N Q B B F U H G Q W T P B M
G Q W H A U E E E K P R X E J
K U I V D O V V O H F O V S Z
H E L U A O G Z V H D G C T A
P T N Y Q J P S T S U S A E P
R E I N A D E P E R S I A R J
O Y C R W R E Y A S U E R O O
I S M I R R A O J Q M I Q Q C
```

PALACIO

MIRRA

HEBREO

BANQUETE

MARDOQUEO

PURIM

SUSA

ESTER

CETRO

REY ASUERO

REINA DE PERSIA

AMÁN

Ester

Dibuja el palacio donde la reina Ester vivió en Susa. ¡Usa tu imaginación!

Imagina que eres Ester llegando al palacio por primera vez. ¿Qué le dirías a Mardoqueo?

....
....
....
....
....
....
....
....

Si de repente te coronaran reina de Persia, ¿cómo cambiaría tu vida?

....
....
....
....
....
....
....

Si la historia de Ester fuera un libro, la portada se vería así…

Ester

Lee Ester 4:12-5:8. Escribe un resumen corto de este pasaje de la Biblia a continuación.

....

....

....

1. ¿Por cuántos días ayunó Ester?

....

....

2. ¿Qué hizo el rey cuando Ester se le presentó sin haber sido invitada?

....

....

3. ¿A quién invitó Ester a su banquete?

....

....

Dibuja tu escena favorita de esta historia.

¿Qué puede enseñarme la vida de Ester?

Dios usó a Ester para…

La historia de Amán

Amán es uno de los villanos más notorios de la Biblia y su historia se cuenta en el libro de Ester. Era agagueo, descendiente del rey Agag de los amalecitas, un pueblo belicoso que históricamente había estado en conflicto con los israelitas. Amán ascendió al poder como primer ministro del Imperio persa y rápidamente se convirtió en una figura poderosa e influyente en la corte del rey Asuero. Se le otorgó un gran título y el derecho de dar órdenes a los demás funcionarios de la corte. Sin embargo, su arrogancia y orgullo lo llevaron a tomar una decisión fatídica. Después de que Mardoqueo se negó a inclinarse ante él, Amán se consumió en odio y conspiró para destruirlo a él y a toda la población hebrea.

Sin embargo, la prima de Mardoqueo, Ester, había sido elegida como la nueva reina de Persia. Ella usó su influencia para salvar a su pueblo y los planes de Amán fueron frustrados. En medio de su ira, decidió volcar su rabia hacia Mardoqueo y lo humilló públicamente. Pero en un giro sorprendente de los acontecimientos, el rey Asuero ordenó que se usara la horca para ejecutar a Amán en lugar de a Mardoqueo. Amán fue ahorcado y su plan fue detenido.

Lee Éxodo 17, Números 13, 1 Samuel 15, Deuteronomio 25, 2 Reyes 24-25 y Ester 3. Responde las preguntas.

1. ¿Quiénes eran los amalecitas?

2. ¿Por qué un grupo de hebreos vivía en Persia?

3. ¿Cómo Amán trató de destruir a los hebreos?

Ester habla con el rey

Cuando Ester fue a ver al rey, él le tendió su cetro de oro (Ester 5).
Dibuja al rey y su cetro para completar el cuadro.

¡Ester era valiente!

Ser valiente es hacer lo correcto incluso cuando es difícil. Ester fue valiente al ir a ver al rey. En las nubes de abajo, escribe o dibuja cuatro veces en las que mostraste valentía.

Fui valiente cuando...

Fui valiente cuando...

Fui valiente cuando...

Fui valiente cuando...

El banquete de Ester

Ayuda a Amán y al rey a llegar al banquete de Ester.

Salida

Llegada

Ester

El nombre hebreo de Ester es también Ester. Después de ayunar durante tres días, Ester fue a ver al rey (Ester 5). ¿Por qué hizo esto?

אֶסְתֵּר

Ester

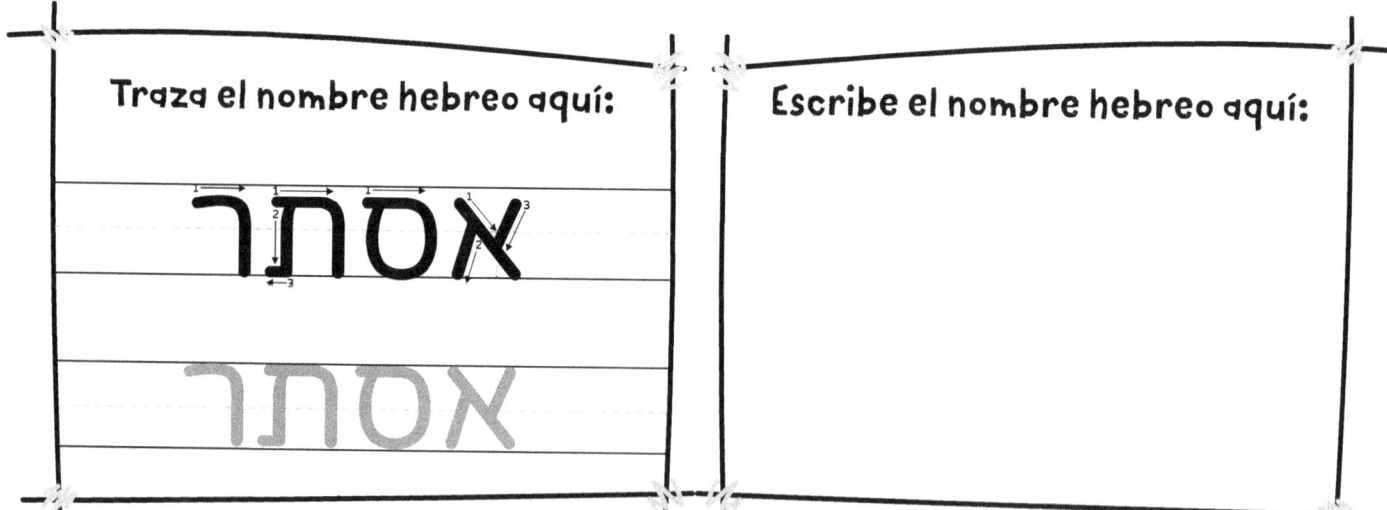

Traza el nombre hebreo aquí:

Escribe el nombre hebreo aquí:

¡Vamos a escribir!

Practica a escribir el nombre hebreo "Ester" en las líneas de abajo.

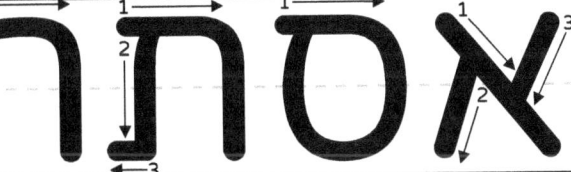

אסתר

Inténtalo por tu cuenta.
Recuerda que el hebreo se lee de DERECHA a IZQUIERDA.

Bible Pathway
Adventures

Lección 4	# Plan de la lección
	## La recompensa de Mardoqueo

Docente:_____

El pasaje de la Biblia de hoy: Ester 5:1-6:14

Oración de bienvenida:

Rece una simple oración con los niños antes de empezar la lección.

Objetivos de la lección:

En esta lección, los niños aprenderán:

1. Cómo el rey se enteró de la valentía de Mardoqueo
2. Cómo el rey recompensó a Mardoqueo

¿Lo sabías?

En 1851, la ciudad persa de Susa fue descubierta por geólogos británicos en Irán.

Resumen de la lección de la Biblia:

El rey y Amán fueron al banquete de Ester. Después de la fiesta, el rey no pudo dormir. Ordenó a sus sirvientes que leyeran del Libro Real de los Registros, que le reveló la historia de Mardoqueo, que le había salvado la vida. Decidido a recompensar a Mardoqueo por su buena obra, el rey le preguntó a Amán: "¿Cómo debo recompensar a un hombre?". Pensando que el rey se refería a él, Amán se llenó de orgullo. Pero, el rey en realidad estaba hablando de Mardoqueo. Ordenó que Mardoqueo se vistiera con ropas finas y lo hicieran desfilar por las calles de la ciudad montado en uno de los caballos del rey.

Repasemos:

Preguntas para hacer a sus estudiantes:

1. ¿Quién invitó a Amán y al rey a un banquete?
2. ¿Qué ordenó Amán que se construyera antes del banquete?
3. ¿Qué le leyeron sus sirvientes al rey?
4. ¿Qué pasó cuando Amán llegó al palacio para ver al rey?
5. ¿A quién llevó Amán a través de las calles montado en un caballo?

Un versículo de memoria para ayudar a los niños a recordar la Palabra de Dios:

"Vino, pues, el rey con Amán al banquete que Ester dispuso" (Ester 5:5).

Actividades:

Hoja de trabajo para colorear: Libro de actas
Actividad de la Biblia: La túnica de Mardoqueo
Conecta los puntos: Mardoqueo
Página para colorear: La recompensa de Mardoqueo
Hoja de trabajo: ¿Cuál es la palabra?
Hoja de trabajo: ¿Verdadero o falso?
Hoja de trabajo: Complejo real de Susa
Cuestionario de la Biblia: Amán
Escritura creativa: Amán
Hoja de trabajo de periódico: El Tiempo de Persia
Hoja de trabajo: Un vistazo dentro de una casa persa
Hoja de trabajo: Tribu de Benjamín
Hoja de trabajo: ¡Entrevista a Mardoqueo!

Oración final:

Termine la lección con una pequeña oración.

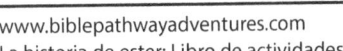

Libro de actas

Lee Ester 6:1-11. Escribe un breve resumen de este pasaje de la Biblia a continuación.

....

....

....

1. ¿Qué le leyeron los sirvientes al rey?

....

....

2. ¿Quiénes querían matar al rey?

....

....

3. ¿Quién salvó la vida del rey?

....

....

Dibuja tu escena favorita de esta historia

¿Qué puede enseñarme la vida de Mardoqueo?

....

....

El rey honró a Mardoqueo al...

....

....

La túnica de Mardoqueo

Cuando el rey honró a Mardoqueo, ordenó que lo vistieran con túnicas reales (Ester 6:8-11). Diseña y colorea una túnica para Mardoqueo. ¡Usa tu imaginación!

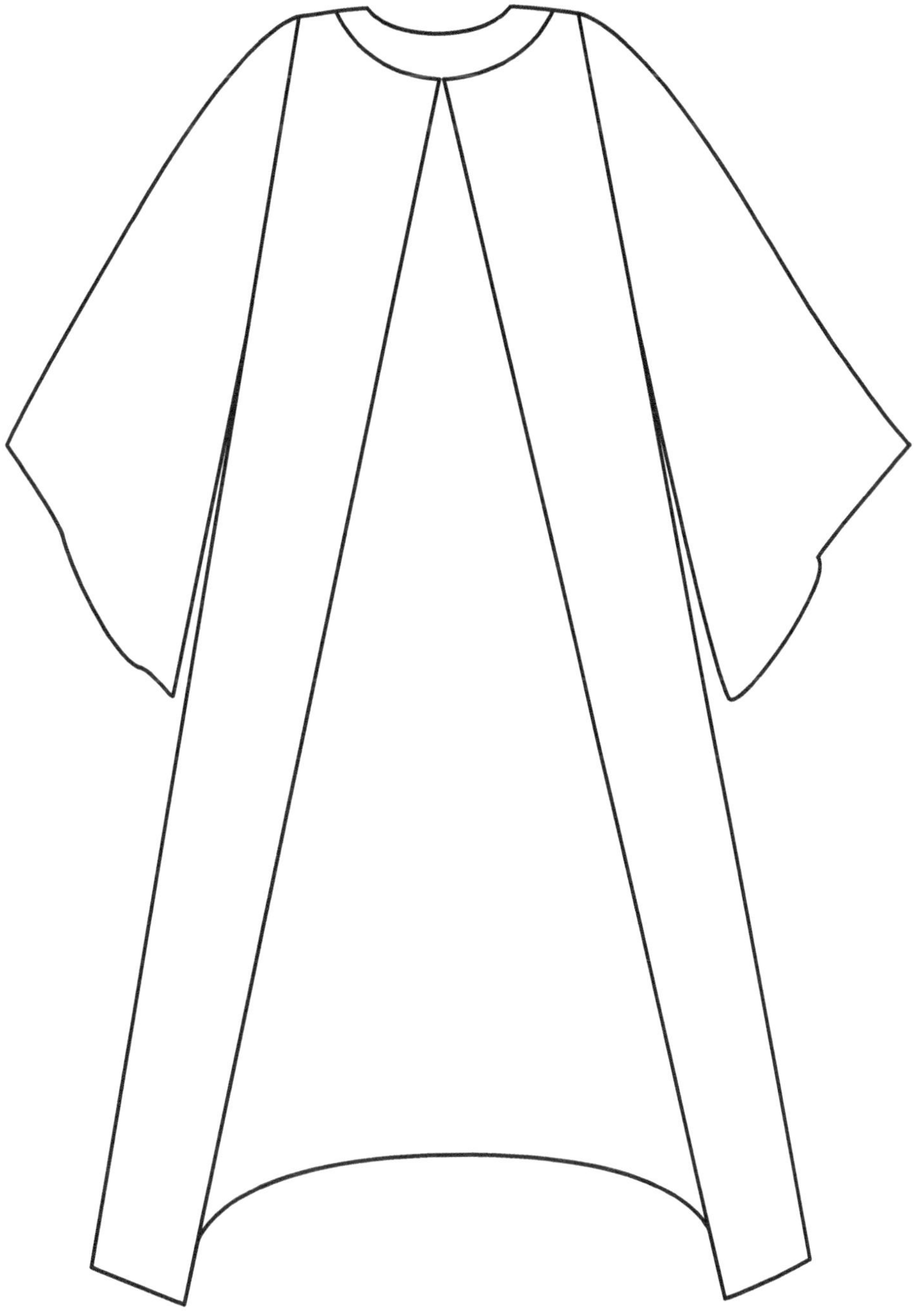

Mardoqueo

Conecta los puntos para ver la imagen de Mardoqueo. Colorea la imagen.

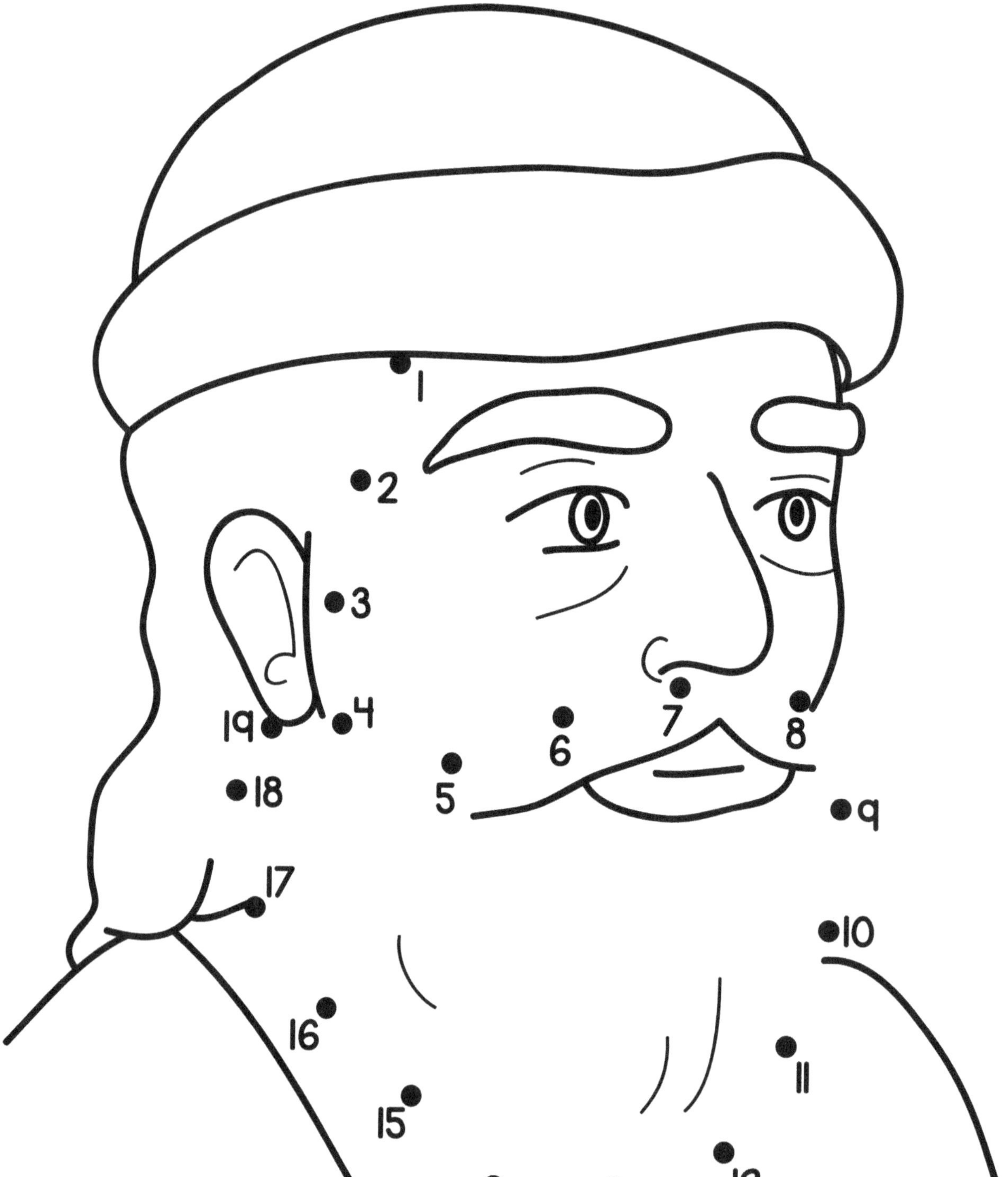

www.biblepathwayadventures.com
La historia de ester: Libro de actividades

© BPA Publishing Ltd 2023

"Así se hará al varón cuya honra desea el rey."

(Ester 6:11)

¿Cuál es la palabra?

Lee Ester 6:6-14. Usando las palabras de abajo,
rellena los espacios en blanco para completar el pasaje de la Biblia.

AMÁN	VESTIDO	PLAZA	CABALLO	JUDÍOS
REAL	ZERES	REY	MARDOQUEO	CABEZA

" Entró, pues, ..., y el rey le dijo: ¿Qué se hará al hombre cuya honra desea el rey? Y dijo Amán en su corazón: ¿A quién deseará el .... honrar más que a mí? Y respondió Amán al rey: Para el varón cuya honra desea el rey, traigan el vestido .... de que el rey se viste, y el caballo en que el rey cabalga, y la corona real que está puesta en su cabeza; y den el vestido y el .... en mano de alguno de los príncipes más nobles del rey, y vistan a aquel varón cuya honra desea el rey, y llévenlo en el caballo por la .... de la ciudad, y pregonen delante de él: Así se hará al varón cuya honra desea el rey. Entonces el rey dijo a Amán: Date prisa, toma el .... y el caballo, como tú has dicho, y hazlo así con el judío Mardoqueo, que se sienta a la puerta real; no omitas nada de todo lo que has dicho. Y Amán tomó el vestido y el caballo, y vistió a ...., y lo condujo a caballo por la plaza de la ciudad, e hizo pregonar delante de él: Así se hará al varón cuya honra desea el rey. Después de esto Mardoqueo volvió a la puerta real, y Amán se dio prisa para irse a su casa, apesadumbrado y cubierta su .... Contó luego Amán a .... su mujer y a todos sus amigos, todo lo que le había acontecido. Entonces le dijeron sus sabios, y Zeres su mujer: Si de la descendencia de los .... es ese Mardoqueo delante de quien has comenzado a caer, no lo vencerás, sino que caerás por cierto delante de él. "

¿Verdadero o falso?

¿Las siguientes afirmaciones son VERDADERAS o FALSAS? Lee Ester 6:1-14.
Encierra en un círculo la casilla correcta.

Los sirvientes del rey le leían la Biblia	**VERDADERO** / **FALSO**
Bigtán y Teres eran chefs en el palacio real	**VERDADERO** / **FALSO**
Amán quería que a Mardoqueo lo colgaran en la horca	**VERDADERO** / **FALSO**
El rey ordenó que vistieran a Mardoqueo con túnicas reales	**VERDADERO** / **FALSO**
Amán fue llevado a caballo por la plaza de la ciudad	**VERDADERO** / **FALSO**
Amán estaba casado con Vasti	**VERDADERO** / **FALSO**

¿Son estas afirmaciones verdaderas o falsas?

❈ Complejo real de Susa ❈

Susa (o Shushan) era una ciudad antigua en Irán que pasó a formar parte del Imperio persa bajo Ciro II, el Grande. Durante el período aqueménido, Susa fue la capital de invierno de muchos reyes aqueménidos. Uno de estos reyes, Darío el Grande, construyó un impresionante complejo palaciego en Susa que incluía una sala de audiencias, una puerta monumental y una residencia real. El complejo estaba ubicado sobre una plataforma elevada de 15 metros (49 pies) de altura, que abarcaba 100 hectáreas (250 acres). Cuando los arqueólogos comenzaron a excavar las ruinas de este complejo palaciego, descubrieron que Susa era una ciudad internacional que influyó y fue imitada por sus vecinos. La mano de obra y las materias primas de todo el imperio contribuyeron a la construcción del palacio. En una famosa inscripción descubierta en el Salón del Rey, el rey Darío describe cómo todas las naciones de su imperio contribuyeron a la construcción.

"Cuando se completó la excavación, la roca de cimentación se aplastó entre 40 codos y 20 codos de profundidad. Sobre esa base se construyó el palacio con ladrillo secado al sol. Estas tareas fueron realizadas por los babilonios. Los asirios trajeron la madera de cedro de una montaña en el Líbano. La madera de yaca se trajo de Kandahar y Kerman. El oro fue traído de Sardis y Bakhtrish fue forjado aquí. Las piedras preciosas lapislázuli y cornalina fueron traídas de Suguda. La piedra preciosa turquesa fue traída de Uvarazmish. La plata y el ébano fueron traídos de Egipto. La ornamentación fue traída de Jonia. El marfil fue traído de Etiopía, Sind y Harauvatish. Las columnas de piedra fueron traídas de Elam. Los canteros eran jonios y sardos. Los orfebres eran medos y egipcios. Los hombres que elaboraban la madera eran sardos y egipcios. Los hombres que hicieron el ladrillo cocido eran babilonios y los hombres que adornaron las paredes eran medos y egipcios".

✸ Complejo real de Susa ✸

Se entraba al palacio por el este, donde los visitantes eran recibidos en la Gran Puerta. Moviéndose hacia el oeste, los invitados pasaban por tres o cuatro patios. El tercer patio era más grande que los dos primeros patios y es posible que se haya utilizado para ejercicios militares. El complejo del palacio fue destruido por un incendio durante el reinado de Artajerjes I, y luego restaurado, cincuenta años después, por su nieto. Alejandro de Macedonia capturó Susa en el 330 a.C. y se apoderó de 40.000 talentos de oro y plata del tesoro. Según los historiadores, en el año 324 a.C. se celebró una gran ceremonia de matrimonio en la ciudad de Susa. ¡Involucró a 10.000 hombres del ejército de Alejandro Magno!

1. ¿El complejo del palacio fue construido por trabajadores de qué lugares del imperio?

2. Escribe tres datos sobre el palacio real.

3. Lee Nehemías I, Daniel 8 y Ester I-2. Nombra cuatro personajes de la Biblia que quizás visitaron o vivieron en Susa.

¡Colorea el palacio!

AMÁN

Lee Ester 3-7. Responde las siguientes preguntas.

1. ¿Quién fue el padre de Amán?

2. ¿Quién se negó a inclinarse ante Amán en la Puerta del Rey?

3. ¿Cuántos talentos de plata Amán ofreció pagarle al rey?

4. ¿En qué mes el rey aceptó destruir a los hebreos?

5. ¿Quién invitó a Amán a un banquete?

6. ¿Quién fue la esposa de Amán?

7. ¿Qué equipo ordenó construir Amán para matar a Mardoqueo?

8. ¿Cómo el rey usó a Amán para honrar a Mardoqueo?

9. ¿Quién le contó al rey sobre el complot de Amán para destruir a los hebreos?

10. ¿Cómo murió Amán?

Amán

Abre tu Biblia y lee Ester 3:1-7:10. ¿Qué datos descubriste sobre Amán?
Escribe un párrafo para describirlo.

....
....
....
....
....
....
....
....
....
....
....

1. ¿Qué crees que Ester y Mardoqueo pensaban de Amán?

2. ¿Por qué crees que el rey Asuero inicialmente le creyó a Amán?

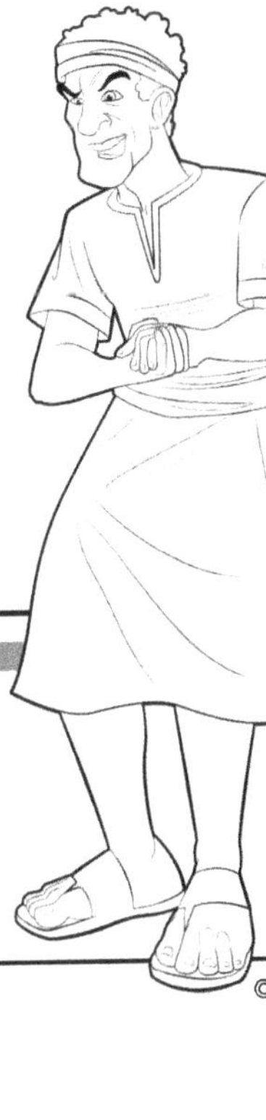

Ciudad de Susa

El Tiempo de Persia

REINO DE PERSIA   UNA PUBLICACIÓN DE HISTORIA DE LA BIBLIA

Amán construye horcas

....

....

....

....

....

....

Caballos a la venta

¡El rey honra a Mardoqueo!

....

....

....

....

Un vistazo dentro de una casa persa

Este artículo describe una casa en la antigua Persia. Mientras lo lees, piensa en la vida diaria en Persia. Usa Internet o una enciclopedia para aprender más sobre las casas persas.

Mira dentro de una casa persa...

Una casa persa en la ciudad de Susa, en la época del rey Asuero, sería típicamente un edificio de adobe de dos pisos con un patio en el centro. La planta baja se utilizaría para almacenamiento y la planta superior se reservaría para la vivienda de la familia. Las paredes serían de adobes secados al sol y el techo sería de tejas planas. La entrada principal estaría ubicada en el lado izquierdo de la casa y conduciría directamente al patio. Este patio sería el centro de la casa, donde la familia realizaba sus actividades diarias como comer, relajarse y jugar. El patio también sería un lugar para entretener a los invitados. La zona de estar se ubicaría en la segunda planta, a la que se accedería por una escalera desde el patio. Esta área tendría algunas habitaciones, incluida una sala principal para que se reúna la familia, una pequeña cocina y algunas habitaciones para los miembros de la familia. Las paredes de la sala de estar estarían adornadas con coloridos tapices y pinturas. Las ventanas de la casa serían pequeñas y generalmente ubicadas en lo alto de las paredes, lo que permitiría que entrara la luz y el aire sin dejar de brindar privacidad. La casa también se llenaría de cojines y alfombras de colores, las alfombras adornarían los pisos y se colocarían almohadas grandes en los muebles.

Dibuja un plano de una casa persa...

Tribu de Benjamín

Mardoqueo es una figura importante en la historia y la cultura de Israel. Era de la tribu de Benjamín, una de las doce tribus de Israel. El relato bíblico de la vida de Mardoqueo comienza con su antepasado, Benjamín, hijo del patriarca hebreo Jacob. Benjamín nació de la esposa de Jacob, Raquel, quien murió poco después de dar a luz. La tribu de Benjamín era conocida como el "hijo de la mano derecha", una referencia al lugar de Benjamín en la línea de sucesión.

Jacob, a quien Dios renombró Israel, tuvo doce hijos que fueron los progenitores de las doce tribus de Israel. Benjamín era el hijo menor y sus descendientes fueron conocidos como la tribu de Benjamín. Jacob le dio a su hijo una bendición especial, diciendo: "Benjamín es un lobo rapaz; por la mañana devora la presa, por la tarde reparte los despojos". La bendición de Jacob fue una profecía del futuro éxito y fortaleza de Benjamín.

A lo largo de la historia, la tribu de Benjamín ha producido una serie de figuras famosas. El más famoso fue el rey Saúl, el primer rey de Israel, que era de la tribu de Benjamín. A Saúl se le atribuye haber liderado a los israelitas en sus primeras batallas contra sus enemigos. El apóstol Pablo también era de la tribu de Benjamín.

Lee Números 2. Escribe las doce tribus de Israel en las líneas de abajo.

....

....

....

....

....

....

BENJAMÍN

¡Entrevista a Mardoqueo!

Mardoqueo fue recompensado por salvar la vida del rey Asuero. Una revista te ha enviado (eres Mardoqueo) un cuestionario. Cuéntales sobre ti y cómo descubriste el complot para matar al rey.

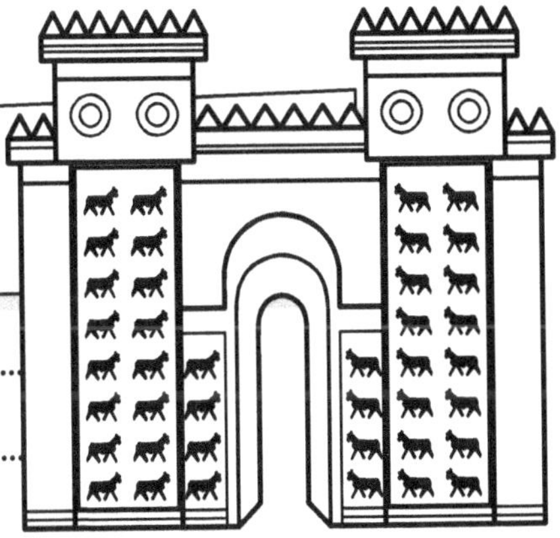

1. Preséntate.

....

....

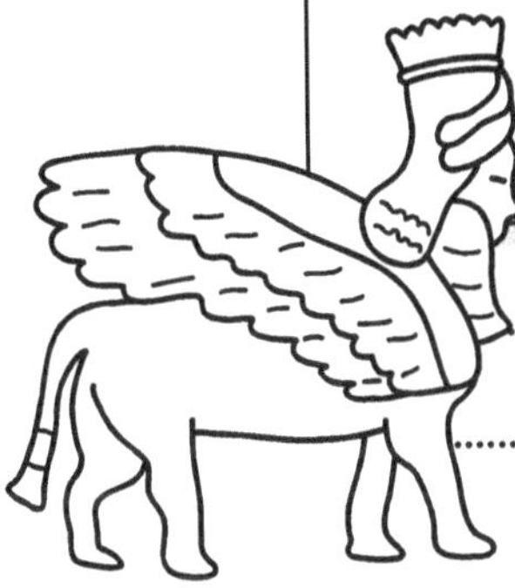

2. ¿Por qué vives en Persia?

....

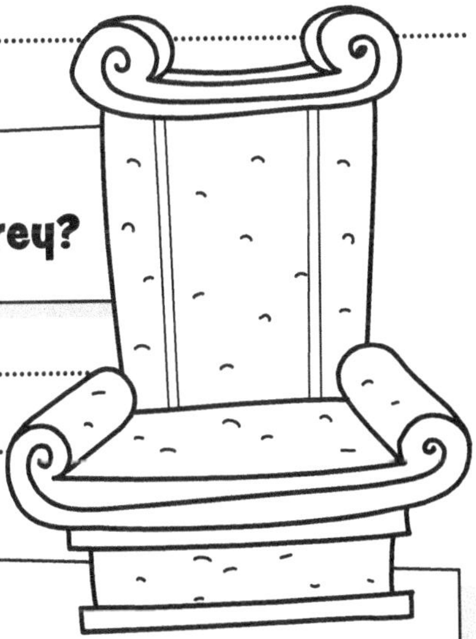

3. ¿Cómo descubriste el complot para matar al rey?

....

....

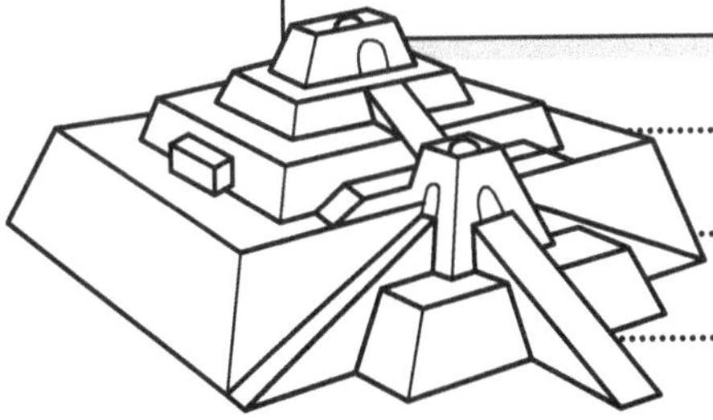

4. ¿Cómo te recompensó el rey?

....

....

Lección 5 | **Plan de la lección**
Ester salva a su pueblo

Docente:_____

El pasaje de la Biblia de hoy: Ester 5:7-8, 7:1-10:3

Oración de bienvenida:
Rece una simple oración con los niños antes de empezar la lección.

Objetivos de la lección:
En esta lección, los niños aprenderán:
1. Cómo el rey se enteró del malvado plan de Amán
2. Cómo Ester salvó a su pueblo

¿Lo sabías?
La festividad de Purim conmemora la liberación de los hebreos de la destrucción (Ester 8-9).

Resumen de la lección de la Biblia:
Ester invitó al rey Asuero y a Amán a otro banquete que había preparado. Cuando el rey le preguntó a Ester sobre su solicitud, ella respondió: "Perdona a mi pueblo, porque Amán tiene la intención de destruir a los hebreos". ¡El rey estaba furioso! Hizo colgar a Amán en la horca que estaba destinada a Mardoqueo. El rey entonces emitió un nuevo decreto otorgando a los hebreos el derecho a defenderse de sus enemigos. En el día de su destrucción planeada, los hebreos se defendieron y lograron repeler a sus atacantes. Gracias a la valentía de Ester, pudo revertir el malvado plan de Amán de destruir a los hebreos.

Repasemos:

Preguntas para hacer a sus estudiantes:

1. En el banquete, ¿qué le dijo Ester al rey?
2. ¿Cómo castigó el rey a Amán?
3. ¿Cómo recompensó el rey a Mardoqueo?
4. ¿Cómo el rey salvó a los hebreos de la destrucción?
5. ¿Qué festival celebra la victoria de los hebreos sobre sus enemigos?

 Un versículo de memoria para ayudar a los niños a recordar la Palabra de Dios:

"Y en cada provincia y en cada ciudad donde llegó el mandamiento del rey, los judíos tuvieron alegría y gozo, banquete y día de placer" (Ester 8:17).

Actividades:

Actividad de la Biblia: El banquete
Hoja de trabajo: ¿Cuál es la palabra?
Cuestionario de la Biblia: Ester salva a su pueblo
Rompecabezas de versículo de la Biblia: ¡Descifra el código!
Crucigrama de la Biblia: Ester salva a su pueblo
Actividad de la Biblia: El antiguo banquete persa
Hoja de trabajo: Escribe tu nombre en cuneiforme
Página para colorear: Los caballos del rey
Actividad de la Biblia: La historia de Ester
Hoja de trabajo de comprensión: Purim
Receta: ¡Horneemos Hamantaschen!
Rompecabezas de la Biblia: Ordena las palabras de Ester
Hoja de trabajo: ¿Lo sabías?
Hoja de trabajo para colorear: Purim
Hoja de trabajo: Purim
Escribe tu propia historia de Ester

 Oración final:

Termine la lección con una pequeña oración.

¿Cuál es la palabra?

Lee Ester 7:3-6. Usando las palabras de abajo,
rellena los espacios en blanco para completar el pasaje de la Biblia.

ESTER	IRREPARABLE	PUEBLO	ASUERO
VENDIDOS	MALVADO	SIERVOS	CORAZÓN

" Entonces la reina .... respondió y dijo: "Oh rey, si he hallado gracia en tus ojos, y si al rey place, séame dada mi vida por mi petición, y mi .... por mi demanda. Porque hemos sido ...., yo y mi pueblo, para ser destruidos, para ser muertos y exterminados. Si para .... fuéramos vendidos, me callaría; pero nuestra muerte sería para el rey un daño .... ". Respondió el rey ...., y dijo a la reina Ester: "¿Quién es, y dónde está, el que ha ensoberbecido su .... para hacer esto?". Ester dijo: "El enemigo y adversario es este .... Amán". "

Ester salva a SU PUEBLO

Lee Ester 4-9. Responde las siguientes preguntas.

(1) ¿Quién era el rey de Persia en este tiempo?

(2) ¿Por qué Amán mandó a construir una horca?

(3) ¿Qué les pidió Ester a Mardoqueo y a los hebreos que hicieran antes de que ella fuera a ver al rey?

(4) ¿Qué hizo el rey cuando Ester llegó sin invitación?

(5) ¿A quién invitó Ester a su banquete?

(6) ¿Quién quería destruir a todos los hebreos en el reino?

(7) ¿Cómo detuvo el rey la destrucción de los hebreos?

(8) ¿A cuántas provincias el rey envió mensajeros?

(9) ¿Qué permitió el rey que hicieran los hebreos para salvarse?

(10) ¿Qué festividad celebra los actos heroicos de Ester?

¡Descifra el código!

¿Quién era el enemigo de los hebreos? Este versículo de la Biblia está escrito en código. ¡Usa la tabla en la parte inferior de la página para completar las letras que faltan y descifrar el código! *Pista: lee Ester 7:6 (RV1960).*

```
__ __ __ __ __  D  __ __ __ : "  __ __ __ __ __ __ __  G  __  Y
20  6 22 20  5  8 21  2 15      20 10 20 23 20 13 21 25 15  7
```

```
__  D  __ __ __ __ __ __ __ __ __ __ __ __ __ __ __ __ __ __  D  __
 1  8  9 20  5  6  1  5 21 15 20  6 20 22 20 13  1 10  9  1  8 15
```

```
__ __  Á  __ ". __ __ __ __ __ __ __ __  __ __ __ __ __  Ó  __ __  Á  __
 1 13 23         20 23 22 15 23 19 20  6  6 20 22 18  5 17     1 13 23
```

```
 D __ __ __ __ __ __  D __ __ __ __  Y  Y  D __ __ __ __ __ __ __ __
 8 20 10  1 23 22 20  8 20 10  5 20  7  7  8 20 10  1  5 20 21 23  1
```

A	B	C	D	E	F	G	H	I	J	K	L	M
			8			25						

N	O	P	Q	R	S	T	U	V	W	X	Y	Z
											7	

Ester salva a SU PUEBLO

Lee Ester 2:1-5 y 7:1-9:32 (RV1960). Completa el siguiente crucigrama.

HORIZONTAL

1) La festividad que celebra la victoria de los hebreos sobre sus enemigos.

4) El nombre del padre de Ester.

6) Purim se celebra durante este mes hebreo.

8) Ester invitó a Amán y al rey a un _____.

VERTICAL

2) El rey le dio su anillo a _____.

3) ¿Qué animal montaron los mensajeros para llevar las cartas?

5) Colaron a Amán en una _____.

7) ¿Cuántos de los hijos de Amán fueron colgados en las horcas?

El antiguo banquete persa

Los banquetes (o fiestas) eran una parte integral de la cultura persa durante la época de Ester. Fueron grandes eventos que mostraron la riqueza culinaria y cultural del Imperio persa. A menudo se llevaban a cabo en grandes salones para celebrar ocasiones especiales como bodas, coronaciones y otros eventos importantes, y eran una forma en que las élites demostraban su riqueza y poder.

Los banquetes eran típicamente elaborados y podían durar días, con una gran variedad de comida, música y entretenimiento. Los banquetes de la época de Ester a menudo comenzaban con una procesión de asistentes que llevaban bandejas de alimentos y bebidas, seguidos por músicos y bailarines. La comida se servía en platos grandes, con una variedad de platillos, que incluían carnes asadas, platos de verduras, sopas y postres. Las bebidas incluían vinos, hidromiel y jugos de frutas. El entretenimiento en los banquetes persas era muy importante. Músicos y bailarines brindaron entretenimiento, mientras que los invitados también pudieron participar en una variedad de juegos como ajedrez, backgammon y charadas. Los banquetes también eran una forma de que los persas honraran a sus dioses. Al comienzo de cada banquete, se hacía un sacrificio a los dioses, generalmente de animales o frutas. Después del sacrificio, la fiesta comenzaba con una oración a los dioses.

1. ¿Qué tipos de comida se servían típicamente en los banquetes persas?

2. ¿Qué tipos de entretenimiento se proporcionaban en los banquetes persas?

3. ¿Qué otros propósitos tenían los banquetes persas además de entretenimiento y honrar a los dioses?

Escribe tu nombre en cuneiforme

La escritura cuneiforme fue desarrollada por los sumerios. Fue el primer sistema de escritura e incluía cientos de pictografías. Debido a que había tantos símbolos, era trabajo de un escriba aprender a leer y escribir para registrar leyes, tratados y costumbres religiosas. Cuando Ester y Mardoqueo vivían en Persia, así es como los persas llevaban los registros.

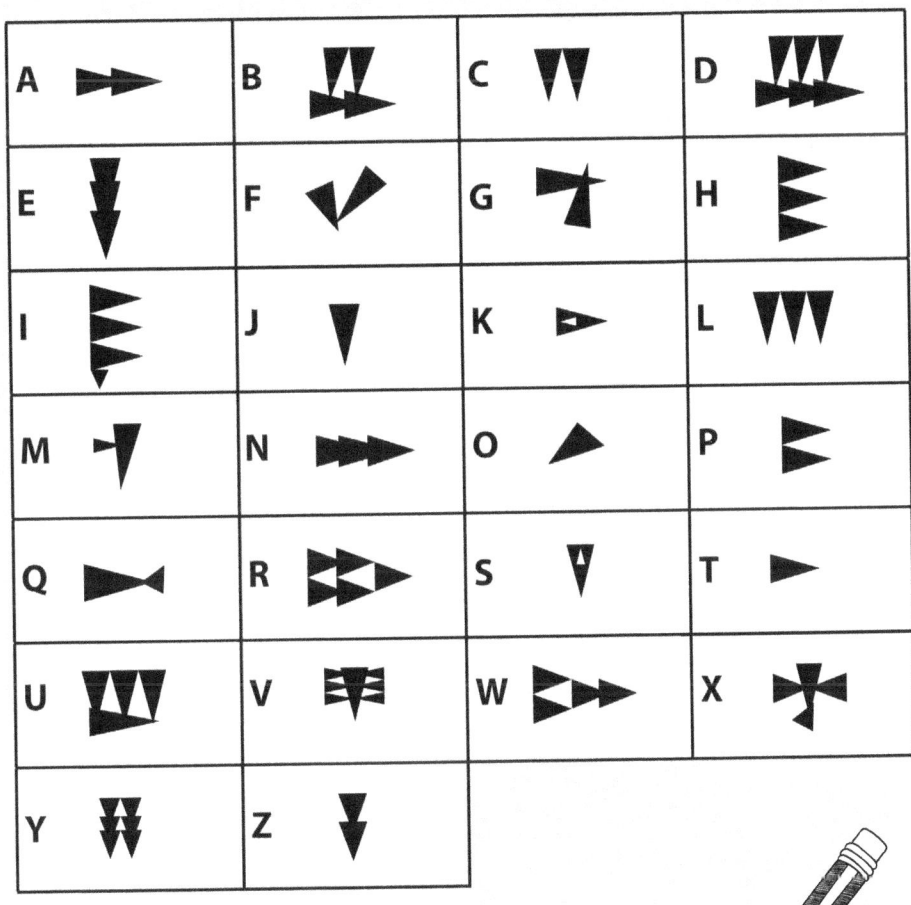

Escribe tu nombre en cuneiforme:

"...y envió cartas por medio de correos montados en caballos veloces... que el rey daba facultad a los judíos para que se reuniesen y estuviesen a la defensa de su vida..."

(Ester 8:10-11)

La historia de Ester

Lee Ester 1:1-9:32. Empareja cada palabra al final de la página con la imagen correcta. Discute cómo cada imagen se relaciona con la historia de Ester.

caballo

cetro

corona

banquete

Purim

mirra

Purim

El festival de Purim es una festividad anual que recuerda la liberación del pueblo hebreo en la Persia de Amán, el agagueo. El 13 de Adar, siguiendo una nueva ley que les dio permiso para defenderse, los judíos mataron a muchos de sus enemigos. El 14 de Adar descansaron y celebraron. Para conmemorar su liberación, los judíos establecieron la festividad de dos días de Purim, que todavía se observa hoy, generalmente a mediados de marzo. La festividad comienza el día que Amán había señalado para la matanza del pueblo judío.

En el antiguo idioma persa, la palabra Purim significa "suertes". La festividad se llamó Purim porque Amán había echado suertes para determinar cuándo llevaría a cabo su perverso plan. En la tradición oriental, se llama poo-REEM. Entre los occidentales, a menudo se le llama PUH-rim. Durante este tiempo, los niños suelen enviar a sus amigos regalos de alimentos como frutas y dulces. Tradicionalmente, se come un pastel dulce triangular conocido como Hamantaschen (bolsillos de Amán) u Oznei Haman (orejas de Amán). Se fomentan los actos de caridad, como dar dinero a personas necesitadas o a su organización benéfica favorita. Las familias a menudo organizan una comida festiva en la tarde de Purim donde cantan, cuentan la historia de Purim y se divierten.

1. Lee Ester 3:1-11. ¿Por qué Amán quería destruir a los hebreos?

....

2. ¿Por qué la gente celebra el festival de Purim?

....

....

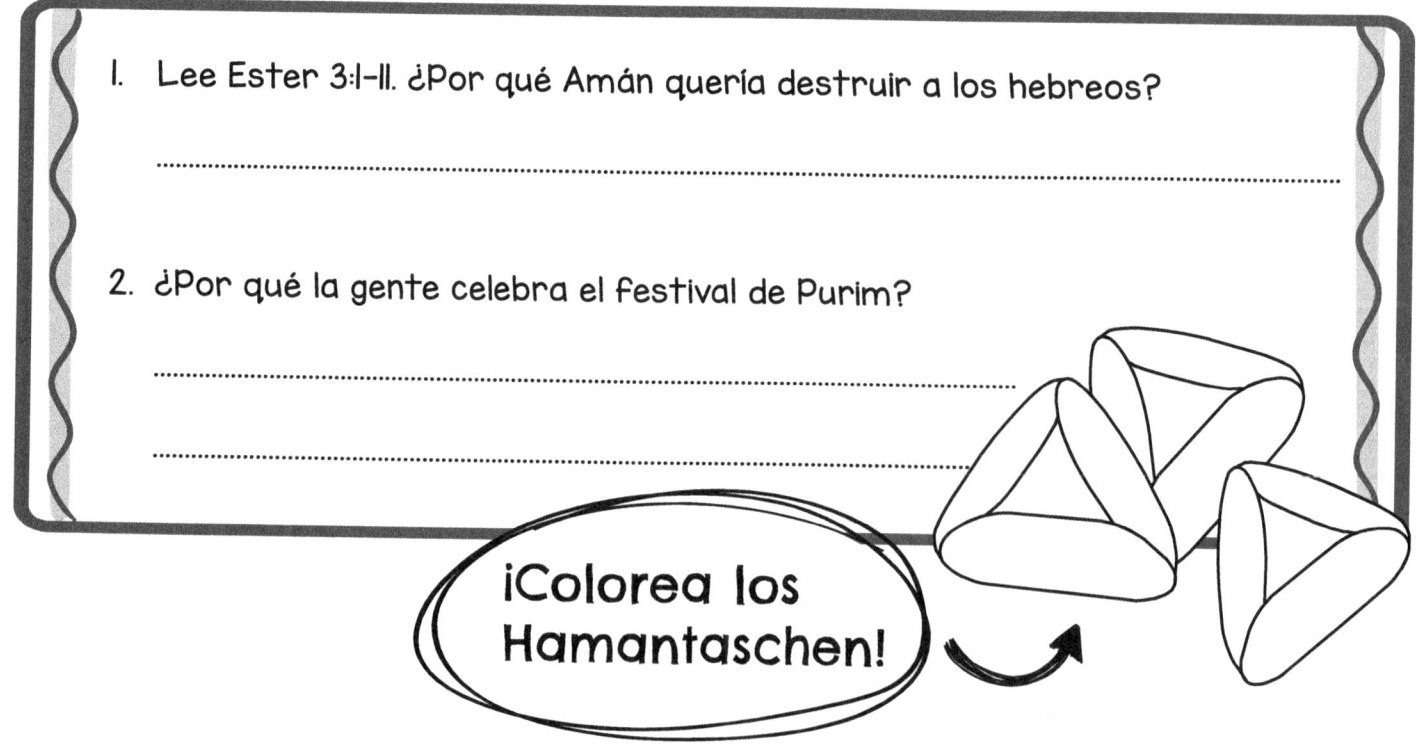

¡Colorea los Hamantaschen!

¡Horneemos Hamantaschen!

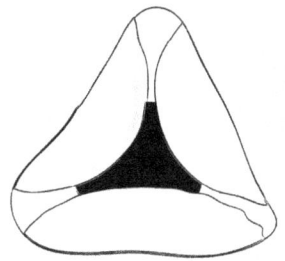
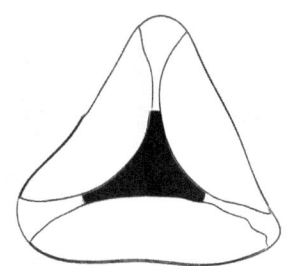

INGREDIENTES

4 huevos

1 taza de aceite

1 y   de tazas de azúcar

2 cucharaditas de esencia de vainilla

3 cucharaditas de polvo de hornear

5 y   tazas de harina

Conserva o jalea de albaricoque, cereza, ciruela o fresa,
o relleno de semillas de amapola

MÉTODO

Precalentar el horno a 350ºF.

Mezclar los huevos, el aceite, el azúcar y la vainilla.

Añadir el polvo de hornear y la harina, y amasar hasta que esté suave.

Sobre una superficie enharinada, extender la masa con un rodillo hasta que
esté fina (1/8 de pulgada) y cortar círculos usando un vaso o copa.

Colorar una cucharada de relleno en el centro de cada círculo.

Doblar en tres lados sobre el relleno para formar un triángulo;
asegurarse que el relleno se vea en el centro.

Hornear a 350 grados por 15 minutos en una bandeja para galletas engrasada.

Ester salvó a su pueblo de la destrucción.
Descifra los nombres para aprender sobre las
personas mencionadas en esta historia.

etEsr	....	stiVa	....
reMdquoao	....	serZe	....
anmÁ	....	Haact	....
eRy Asuoer	....	Tsree	....

✳ Lee la historia de Ester en Ester 1-10 (RV1960).

¿Lo sabías?

El rey Asuero pidió que los hebreos fueran destruidos el día 13 de Adar. Hoy, la gente celebra Purim el día 14 de Adar, que es el día en que los hebreos descansaron y celebraron su gran victoria.

Lee Ester 9. Dibuja a los hebreos celebrando su gran victoria.

Purim

Lee Ester 9:1-32. Escribe un resumen corto de este pasaje de la Biblia a continuación.

....

....

....

1. ¿Quién quería destruir a los hebreos?

....

....

2. ¿Quiénes enviaron cartas a los hebreos diciéndoles que observaran Purim?

....

....

3. ¿Por qué esta festividad es llamada Purim? (Ester 9:26)

....

....

Dibuja tu escena favorita de esta historia.

¿Qué puede enseñarme el festival de Purim?

....

....

Dios usó a Mardoqueo y Ester para…

....

....

Purim

¡Diseña tu propio Hamantaschen!

Elige algunas palabras que describan a Ester.

....
....
....
....
....
....
....
....

Durante Purim, me gusta comer…

....
....
....
....
....
....
....

Si Purim fuera una película, el afiche se vería así…

Escribe tu propia historia de Ester

Lee Ester 1:1-10:3. Al lado de cada imagen escribe,
con tus propias palabras, la historia de Ester. Colorea las imagenes.

....

....

....

....

....

....

....

....

....

....

....

....

....

....

....

....

....

....

....

....

....

....

....

....

....

....

....

....

....

....

....

....

....

....

....

....

·····································
·····································
·····································
·····································
·····································

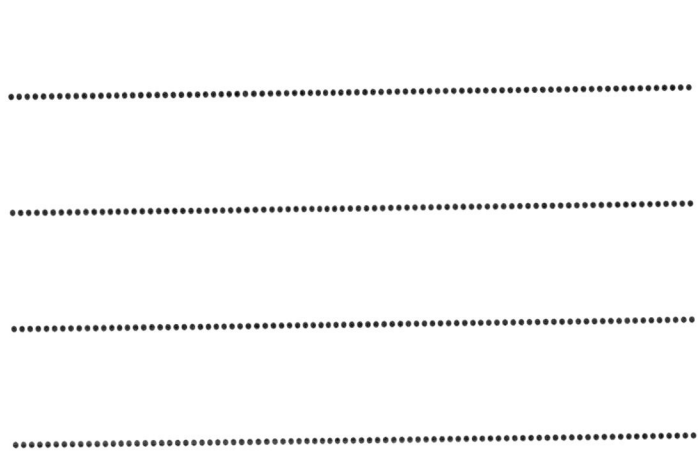

·····································
·····································
·····································
·····································

·····································
·····································
·····································
·····································

Actividades adicionales

Haz tu propia corona de papel

Necesitarás:

1. Cartulina gruesa
2. Pintura, rotuladores o creyones
3. Tijeras (solo adultos)
4. Barras de pegamento extrafuerte o cinta adhesiva

Instrucciones:

1. Pegar la corona y las franjas rectangulares largas (en la siguiente página) en cartulina gruesa. Pídales a los niños que decoren su corona.

2. Cuando los niños hayan terminado de decorar sus coronas, recortar la corona y las franjas rectangulares largas. Pegar las franjas largas de papel a los lados de la corona.

3. Mida las cabezas de los niños y pegue las franjas para hacer la corona. Use barra de pegamento o cinta adhesiva para hacer esto.

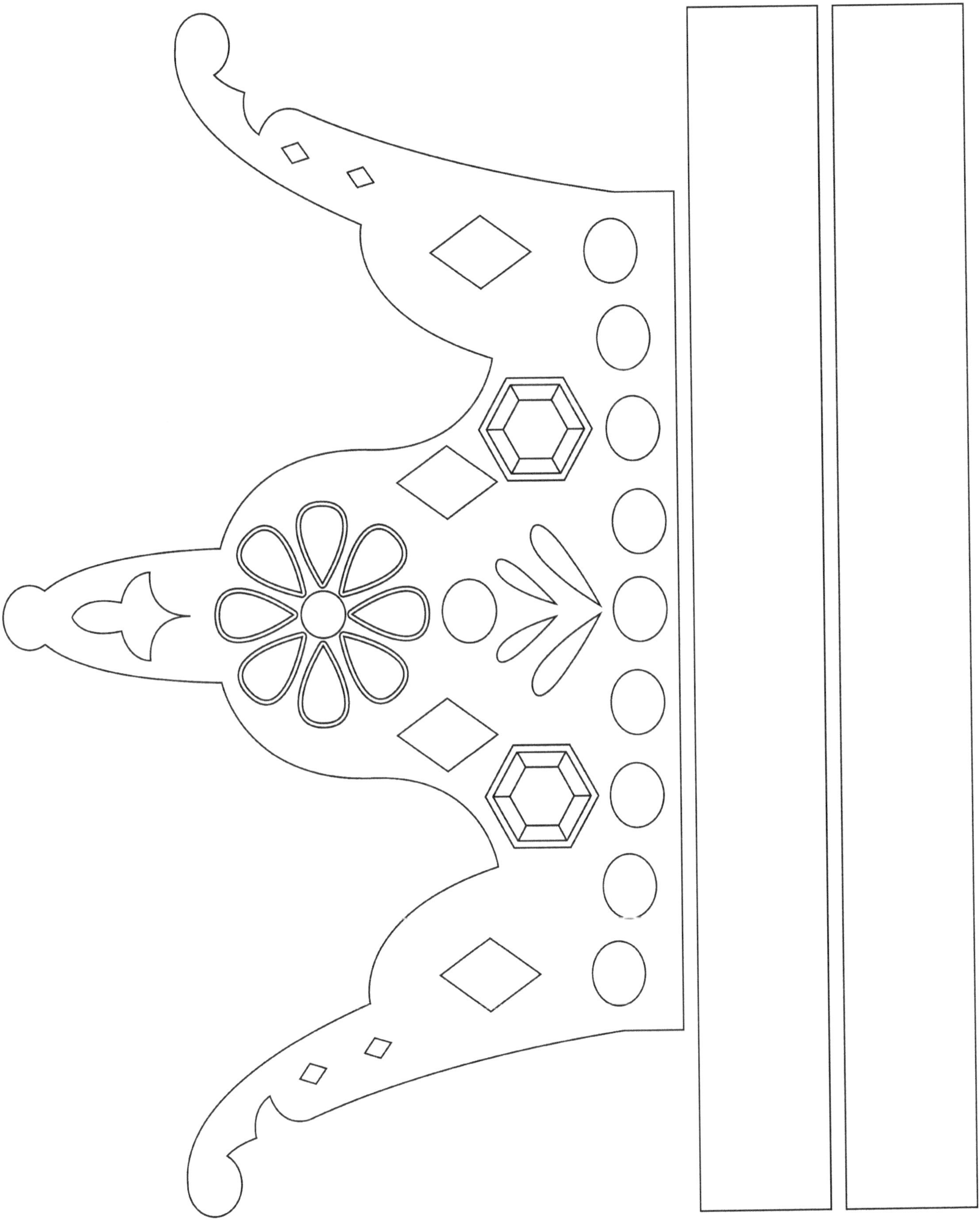

¿Quién lo dijo?

Lee Ester 3:1-7:10.
Colorea y recorta cada personaje de la Biblia.
Empareja la frase con la persona que la dijo.

1.

"Oh rey, si he hallado gracia en tus ojos, y si al rey place, séame dada mi vida por mi petición, y mi pueblo por mi demanda…"
- Ester 7:3

2.

"¿Y quién sabe si para esta hora has llegado al reino?"
- Ester 4:14

3.

"Hay un pueblo esparcido y distribuido entre los pueblos en todas las provincias de tu reino, y sus leyes son diferentes de las de todo pueblo…"
- Ester 3:8

4.

"¿Qué tienes, reina Ester, y cuál es tu petición? Hasta la mitad del reino se te dará"
- Ester 5:3

Ester

Amán

Rey Asuero

Mardoqueo

El banquete

Ester invitó a dos hombres a un banquete. ¿Quiénes fueron?
Colorea y recorta las personas. Ponlas alrededor de la mesa.

Ester

Amán

Rey Asuero

Haz tu propio lapbook
de Ester

Necesitará:

1. Una carpeta archivadora de 8" x 10"
2. Dos minilibros de Ester
   (ver páginas siguientes)
3. Pintura, rotuladores o creyones
4. Tijeras
5. Pegamento en barra extrafuerte o cinta adhesiva

Instrucciones:

1. Use una carpeta archivadora de 8" x 10". Abra y aplane la carpeta.
2. Encuentre el centro del lado derecho de la carpeta y doble a lo largo de la línea central del lado derecho.
3. Encuentre el centro del lado izquierdo de la carpeta y doble a lo largo de la línea central del lado izquierdo. Ambos lados deben encontrarse en el medio.
4. Haga copias de los minilibros de Ester. Pídales a los niños que coloreen y recorten los minilibros. Dentro de cada minilibro, que escriban un versículo de la Biblia que coincida con el personaje. Los niños pueden pegar los minilibros en sus lapbooks.

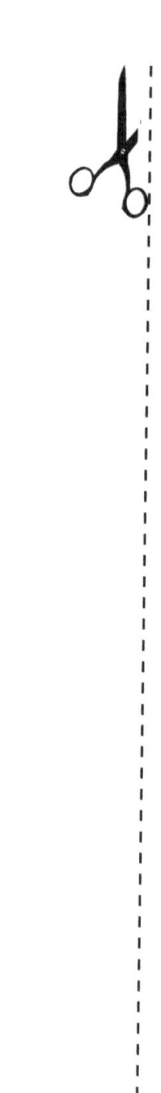

	Mardoqueo
	Vasti
	Zeres

Tarjetas de historia de la Biblia

La historia de Ester

Los banquetes del rey

Aconteció en los días de Asuero, el Asuero que reinó desde la India hasta Etiopía sobre ciento veintisiete provincias, que en aquellos días, cuando fue afirmado el rey Asuero sobre el trono de su reino, el cual estaba en Susa capital del reino, en el tercer año de su reinado hizo banquete a todos sus príncipes y cortesanos, teniendo delante de él a los más poderosos de Persia y de Media, gobernadores y príncipes de provincias, para mostrar él las riquezas de la gloria de su reino, el brillo y la magnificencia de su poder, por muchos días, ciento ochenta días.

Ester 1:1-4

 Ester 1:1-9

La negativa de la reina Vasti

El séptimo día, estando el corazón del rey alegre del vino, mandó a Mehumán, Bizta, Harbona, Bigta, Abagta, Zetar y Carcas, siete eunucos que servían delante del rey Asuero, que trajesen a la reina Vasti a la presencia del rey con la corona regia, para mostrar a los pueblos y a los príncipes su belleza; porque era hermosa. Mas la reina Vasti no quiso comparecer a la orden del rey enviada por medio de los eunucos; y el rey se enojó mucho, y se encendió en ira.

Ester 1:10-12

 Ester 1:10-22

Ester es elegida reina

…y ganaba Ester el favor de todos los que la veían. Fue, pues, Ester llevada al rey Asuero a su casa real en el mes décimo, que es el mes de Tebet, en el año séptimo de su reinado. Y el rey amó a Ester más que a todas las otras mujeres, y halló ella gracia y benevolencia delante de él más que todas las demás vírgenes; y puso la corona real en su cabeza, y la hizo reina en lugar de Vasti. Hizo luego el rey un gran banquete a todos sus príncipes y siervos, el banquete de Ester; y disminuyó tributos a las provincias, e hizo y dio mercedes conforme a la generosidad real.

Ester 2:15-18

 Ester 2:1-18

Mardoqueo descubre un complot

En aquellos días, estando Mardoqueo sentado a la puerta del rey, se enojaron Bigtán y Teres, dos eunucos del rey, de la guardia de la puerta, y procuraban poner mano en el rey Asuero. Cuando Mardoqueo entendió esto, lo denunció a la reina Ester, y Ester lo dijo al rey en nombre de Mardoqueo. Se hizo investigación del asunto, y fue hallado cierto; por tanto, los dos eunucos fueron colgados en una horca.

Ester 2:21-23

 Ester 2:19-23

Amán conspira...

Y vio Amán que Mardoqueo ni se arrodillaba
ni se humillaba delante de él; y se llenó de ira.
Pero tuvo en poco poner mano en Mardoqueo
solamente, pues ya le habían declarado cuál era el
pueblo de Mardoqueo; y procuró Amán destruir a
todos los judíos que había en el reino de Asuero,
al pueblo de Mardoqueo.

Ester 3:5-6

 Ester 3:1-15

Ester ayuna

Y Ester dijo que respondiesen a Mardoqueo:
"Ve y reúne a todos los judíos que se hallan en Susa,
y ayunad por mí, y no comáis ni bebáis en tres días,
noche y día; yo también con mis doncellas ayunaré
igualmente, y entonces entraré a ver al rey, aunque
no sea conforme a la ley; y si perezco, que perezca".
Entonces Mardoqueo fue, e hizo conforme a todo lo
que le mandó Ester.

Ester 4:15-17

 Ester 4:1-17

Ester prepara un banquete

Y cuando vio a la reina Ester que estaba en el patio,
ella obtuvo gracia ante sus ojos; y el rey extendió a
Ester el cetro de oro que tenía en la mano. Entonces
vino Ester y tocó la punta del cetro. Dijo el rey:
"¿Qué tienes, reina Ester, y cuál es tu petición? Hasta
la mitad del reino se te dará". Y Ester dijo: "Si place al
rey, vengan hoy el rey y Amán al banquete que he
preparado para el rey".

Ester 5:2-4

 Ester 5:1-8

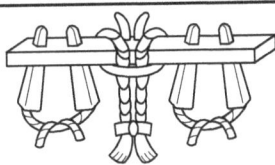

El plan malvado de Amán

Y añadió Amán: "También la reina Ester a ninguno hizo
venir con el rey al banquete que ella dispuso, sino a mí;
y también para mañana estoy convidado por ella con
el rey. Pero todo esto de nada me sirve cada vez que
veo al judío Mardoqueo sentado a la puerta del rey".
Y le dijo Zeres su mujer y todos sus amigos: "Hagan una
horca de cincuenta codos de altura, y mañana di al rey
que cuelguen a Mardoqueo en ella; y entra alegre con
el rey al banquete". Y agradó esto a los ojos de Amán,
e hizo preparar la horca.

Ester 5:12-14

 Ester 5:9-14

El rey honra a Mardoqueo

Entonces el rey dijo a Amán: "Date prisa, toma el vestido y el caballo, como tú has dicho, y hazlo así con el judío Mardoqueo, que se sienta a la puerta real; no omitas nada de todo lo que has dicho". Y Amán tomó el vestido y el caballo, y vistió a Mardoqueo, y lo condujo a caballo por la plaza de la ciudad, e hizo pregonar delante de él: "Así se hará al varón cuya honra desea el rey".

Ester 6:10-11

 Ester 6:1-13

Amán es ahorcado

Después el rey volvió del huerto del palacio al aposento del banquete, y Amán había caído sobre el lecho en que estaba Ester. Entonces dijo el rey: "¿Querrás también violar a la reina en mi propia casa?". Al proferir el rey esta palabra, le cubrieron el rostro a Amán. Y dijo Harbona, uno de los eunucos que servían al rey: "He aquí en casa de Amán la horca de cincuenta codos de altura que hizo Amán para Mardoqueo, el cual había hablado bien por el rey". Entonces el rey dijo: "Colgadlo en ella". Así colgaron a Amán en la horca que él había hecho preparar para Mardoqueo.

Ester 7:8-10

 Ester 7:1-10

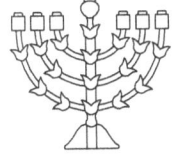

Ester salva a su pueblo

Mardoqueo escribió en nombre del rey Asuero, y lo selló con el anillo del rey, y envió cartas por medio de correos montados en caballos veloces procedentes de los repastos reales; que el rey daba facultad a los judíos que estaban en todas las ciudades, para que se reuniesen y estuviesen a la defensa de su vida, prontos a destruir, y matar, y acabar con toda fuerza armada del pueblo o provincia que viniese contra ellos, y aun sus niños y mujeres, y apoderarse de sus bienes, en un mismo día en todas las provincias del rey Asuero, en el día trece del mes duodécimo, que es el mes de Adar.

Ester 8:10-12

 Ester 8:1-17

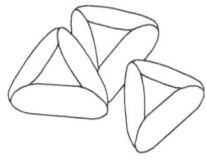

Purim

Y la reina Ester hija de Abihail, y Mardoqueo el judío, suscribieron con plena autoridad esta segunda carta referente a Purim. Y fueron enviadas cartas a todos los judíos, a las ciento veintisiete provincias del rey Asuero, con palabras de paz y de verdad, para confirmar estos días de Purim en sus tiempos señalados, según les había ordenado Mardoqueo el judío y la reina Ester, y según ellos habían tomado sobre sí y sobre su descendencia, para conmemorar el fin de los ayunos y de su clamor. Y el mandamiento de Ester confirmó estas celebraciones acerca de Purim, y esto fue registrado en un libro.

Ester 9:29-32

 Ester 9:20-32

GUÍA DE RESPUESTAS

Lección 1: Fiesta en el palacio
Repasemos:
1. El tercer año del reinado del rey
2. Dos banquetes (fiestas)
3. Porque se negó a ir a ver al rey
4. Hadassah
5. Mardoqueo

Hoja de trabajo: ¿Quién era el rey Asuero?
1. El rey Asuero de Persia gobernó desde el 486 a. C. hasta el 465 a. C.
2. El rey Asuero de Persia es recordado por su gran y majestuoso gobierno, su gran sabiduría e inteligencia, su habilidad como diplomático y su papel en el libro bíblico de Ester
3. El rey Asuero de Persia alentó el desarrollo del arte y la cultura al reunir en su corte a escritores, músicos y eruditos talentosos de todo el imperio.

Cuestionario de la Biblia: Rey Asuero
1. Reino de Persia
2. Reina Vasti
3. Tercer año de su reinado
4. Ella no obedeció su mandato de ir a verlo
5. El rey amó a Ester más que a las otras mujeres y ella era su favorita
6. Era hebrea
7. Mardoqueo
8. Amán
9. En el segundo banquete, Ester le contó al rey los planes de Amán
10. El rey ordenó que los hebreos tuvieran derecho a reunirse para protegerse, arruinar, matar y destruir por completo cualquier ejército que pudieran atacarlos y destruir la propiedad de sus enemigos

Hoja de trabajo: ¿Quién soy?
Rey Asuero
1. El rey Asuero fue el esposo de la reina Vasti
2. Era el rey de Persia, que eligió a Ester para ser su esposa

Vasti
1. Vasti fue la reina de Persia y la primera esposa del rey Asuero
2. Fue depuesta por el rey después de que se negara a obedecer sus órdenes de comparecer ante él y sus invitados

Ester
1. Ester era una niña hebrea que fue elegida para convertirse en la nueva reina de Persia después de que Vasti fuera depuesta
2. Es conocida por su valentía al salvar al pueblo hebreo de la destrucción

Mardoqueo
1. Mardoqueo era primo de Ester, su guardián y líder hebreo en Persia
2. Expuso un complot para asesinar al rey, que salvó la vida del rey

Amán
1. Amán era un poderoso noble que fue el primer ministro de Persia
2. Fue colgado en la horca que había construido para Mardoqueo

Zeres
1. Zeres fue la esposa de Amán
2. Le aconsejó a su esposo que construyera una horca para Mardoqueo, lo que finalmente condujo a la caída de Amán

Hoja de trabajo: Los reyes magos (sabios)
1. Mateo 2: 1-12 y Daniel 5:1-30
2. "Si parece bien al rey, salga un decreto real de vuestra majestad y se escriba entre las leyes de Persia y de Media, para que no sea quebrantado: Que Vasti no venga más delante del rey Asuero; y el rey haga reina a otra que sea mejor que ella" (Ester 1:19)

Cuestionario de la Biblia: Reina Vasti
1. Rey Asuero
2. Imperio persa
3. El tercer año de su reinado
4. En el palacio real en Shushan (Susa)
5. Porque era hermosa
6. Su corona real
7. Se negó a ir a encontrarse con su esposo
8. Los sabios (magos)
9. Se le prohibió aparecer frente a su esposo de nuevo
10. Ester (Hadassah)

Pregunta y colorea: Reina Vasti
1. Rey Asuero (Jerjes)
2. Quizás pensó que él había consumido demasiado vino
3. La orden real debería ser que Vasti no se presente más delante del rey (Ester 1:19)

Hoja de trabajo: Exiliados en Babilonia

1. A medida que los israelitas se enriquecían y comenzaban a adorar a otros dioses, Dios les advirtió que esparciría a su pueblo entre las naciones.
2. Los israelitas no deben luchar contra sus enemigos sino ir en silencio al cautiverio en Babilonia

Lección 2: Ester se casa con el rey
Repasemos:

1. Un año
2. Al palacio real
3. Al rey le gusto más Ester que las otras mujeres
4. Un complot para matar al rey
5. Los dos sirvientes fueron ahorcados

Hoja de trabajo: Una reina especial

1. El rey amó más a Ester que a las otras mujeres
2. El rey puso una corona sobre la cabeza de Ester y la convirtió en reina de Persia
3. El rey organizó una gran fiesta para todas sus personas y líderes importantes. Anunció una fiesta en todas las provincias y envió regalos a la gente, porque era un rey generoso

Sopa de letras de la Biblia: El Imperio persa

Cuestionario de la Biblia: Reyes de la Biblia

1. Saúl
2. Samuel
3. Darío
4. Balac
5. Salomón
6. Pastor
7. Belsasar
8. Asuero
9. Nabucodonosor
10. Herodes Antipas

Hoja de trabajo para colorear: Mardoqueo

1. Ester
2. No le digas a nadie que eres hebreas, ni quién soy yo
3. Le dijo a Ester que le dijera al rey sobre un complot para asesinarlo

Hoja de trabajo: La Puerta del Rey

1. Las puertas reales eran lugares donde la gente podía ir a hablar con el rey o escuchar sus juicios
2. Irán

Palabras desordenadas de la Biblia: ¿A quién amaba el rey?

"Y el rey amó a Ester más que a todas las otras mujeres, y halló ella gracia y benevolencia delante de él…"

Lección 3: Una reina sabia
Repasemos:

1. Amán era el consejero del rey, que odiaba a Mardoqueo y a los hebreos
2. El rey aprobó una ley que decía que todos los hebreos en el reino debían ser destruidos
3. Ester ayunó por tres días
4. Ester tenía miedo porque el rey no había solicitado verla. Él podía decidir matarla si ella iba a verlo sin invitación
5. El rey sostuvo frente a ella su cetro de oro

Hoja de trabajo de comprensión: El malvado plan de Amán

1. Porque Mardoqueo no se inclinaba ante él ni lo honraba, y como Mardoqueo era hebreo, Amán quería destruir a todos los hebreos del reino
2. "Hay un pueblo esparcido y distribuido entre los pueblos en todas las provincias de tu reino, y sus leyes son diferentes de las de todo pueblo, y no guardan las leyes del rey, y al rey nada le beneficia el dejarlos vivir"
3. Quizás el rey no quería personas en el reino que no obedecieran las leyes

Cuestionario de la Biblia: Mardoqueo

1. Benjamín
2. Reino de Persia
3. Vasti
4. Ester (Hadassah)
5. "No le digas a nadie que eres hebrea, o quién soy yo"
6. Amán
7. Ordenó que lo llevaran a caballo por la ciudad
8. Hizo un plan para destruir a todos los hebreos
9. Para que el rey ordenara colgar a Mardoqueo
10. Le dio su anillo especial y lo convirtió en una persona poderosa en el reino de Persia

Sopa de letras de la Biblia: Ester

Hoja de trabajo para colorear: Ester

1. Tres días
2. El rey sostuvo frente a ella su cetro de oro
3. Amán y el rey

Hoja de trabajo: La historia de Amán

1. Los amalecitas eran un grupo de personas que eran enemigos de los israelitas. Eran un antiguo pueblo nómada que vivía en el desierto de Négev y la península del Sinaí. En la Biblia, se les describe como crueles y salvajes, atacando a los israelitas mientras se abrían paso por el desierto. Dios ordenó a los israelitas que exterminaran a los amalecitas y finalmente fueron derrotados por Moisés y los israelitas
2. Los asirios invadieron el reino del norte de Israel y capturaron la ciudad de Samaria. Destruyeron el reino de Israel, tomando cautivos a muchos hebreos y deportándolos a la ciudad de Babilonia
3. Amán convenció al rey Asuero para que firmara un decreto autorizando la destrucción del pueblo hebreo. Luego ordenó que todos los hebreos fueran asesinados en el mismo día. También declaró ilegal que alguien ayudara o protegiera a los hebreos y mandó a construir una horca para Mardoqueo

Actividad de la Biblia: ¿Quién lo dijo?

1 = Ester, 2 = Mardoqueo, 3 = Amán, 4 = Rey Asuero

Lección 4: La recompensa de Mardoqueo
Repasemos:

1. Ester invitó a Amán y al rey a un banquete
2. Amán hizo construir unas horcas
3. Los sirvientes le leyeron el Libro de actas al rey
4. El rey quería discutir con Amán cómo recompensar a un hombre (Mardoqueo)

5. Amán llevó a Mardoqueo a través de las calles montado en un caballo

Hoja de trabajo para colorear: El Libro de actas

1. El Libro de actas
2. Bigtán y Teres, dos de los eunucos del rey
3. Mardoqueo

Hoja de trabajo: ¿Cuál es la palabra?

Entró, pues, Amán, y el rey le dijo: ¿Qué se hará al hombre cuya honra desea el rey? Y dijo Amán en su corazón: ¿A quién deseará el rey honrar más que a mí? Y respondió Amán al rey: Para el varón cuya honra desea el rey, traigan el vestido real de que el rey se viste, y el caballo en que el rey cabalga, y la corona real que está puesta en su cabeza; y den el vestido y el caballo en mano de alguno de los príncipes más nobles del rey, y vistan a aquel varón cuya honra desea el rey, y llévenlo en el caballo por la plaza de la ciudad, y pregonen delante de él: Así se hará al varón cuya honra desea el rey. Entonces el rey dijo a Amán: Date prisa, toma el vestido y el caballo, como tú has dicho, y hazlo así con el judío Mardoqueo, que se sienta a la puerta real; no omitas nada de todo lo que has dicho. Y Amán tomó el vestido y el caballo, y vistió a Mardoqueo, y lo condujo a caballo por la plaza de la ciudad, e hizo pregonar delante de él: Así se hará al varón cuya honra desea el rey. Después de esto Mardoqueo volvió a la puerta real, y Amán se dio prisa para irse a su casa, apesadumbrado y cubierta su cabeza. Contó luego Amán a Zeres su mujer y a todos sus amigos, todo lo que le había acontecido. Entonces le dijeron sus sabios, y Zeres su mujer: Si de la descendencia de los judíos es ese Mardoqueo delante de quien has comenzado a caer, no lo vencerás, sino que caerás por cierto delante de él.

Hoja de trabajo: ¿Verdadero o falso?

Los sirvientes del rey le leían la Biblia: Falso
Bigtán y Teres eran chefs en el palacio real: Falso
Amán quería que a Mardoqueo lo colgaran en la horca: Verdadero
El rey ordenó que vistieran a Mardoqueo con túnicas reales: Verdadero
Amán fue llevado a caballo por la plaza de la ciudad: Falso
Amán estaba casado con Vasti: Falso

Hoja de trabajo: Complejo real de Susa

1. Líbano, Sardis, Bakhtrish, Suguda, Uvarazmish, Egipto, Jonia, Etiopía, Sind, Harauvatish, Elam, Kandahar y Kerman
2. El complejo del palacio incluía una sala de audiencias, una puerta monumental y una residencia real ubicada en una plataforma elevada de 15 metros (49 pies) de altura, que cubría 100 hectáreas (250 acres). El acceso al complejo del palacio estaba en un pavimento de ladrillo desde el sur

por la Ciudad Real, y el pavimento discurría por un enorme corredor cubierto que tenía dos salones y dos pórticos, cada uno con dos columnas. El conjunto palaciego fue destruido por un incendio durante el reinado de Artajerjes I, y luego restaurado, cincuenta años más tarde, por su nieto, Artajerjes II

3. Daniel, Ester, Vasti, Nehemías, rey Asuero, rey Ciro

Cuestionario de la Biblia: Amán
1. Hamedata
2. Mardoqueo
3. Diez mil talentos de plata
4. El mes de Adar
5. Reina Ester
6. Zeres
7. Horca
8. Amán tomó las ropas y el caballo, vistió a Mardoqueo y lo condujo por la plaza de la ciudad, proclamando: "Así se hará al varón cuya honra desea el rey".
9. Reina Ester
10. Amán fue ahorcado en la horca

Hoja de trabajo: Tribu de Benjamín
Rubén, Simeón, Judá, Isacar, Zabulón, Efraín, Manasés, Benjamín, Dan, Aser, Neftalí y Gad

Lección 5: Ester salva a su pueblo
Repasemos:
1. Ester le dijo al rey que Amán planeaba destruir a los hebreos
2. El rey ordenó que Amán fuera colgado en la horca
3. Lo nombró un importante oficial del reino de Persia
4. El rey promulgó una nueva ley y envió mensajeros a todas las provincias del reino, diciéndoles a los hebreos que podían defenderse de sus enemigos
5. Purim

Hoja de trabajo: ¿Cuál es la palabra?
Entonces la reina Ester respondió y dijo: "Oh rey, si he hallado gracia en tus ojos, y si al rey place, séame dada mi vida por mi petición, y mi pueblo por mi demanda. Porque hemos sido vendidos, yo y mi pueblo, para ser destruidos, para ser muertos y exterminados. Si para siervos fuéramos vendidos, me callaría; pero nuestra muerte sería para el rey un daño irreparable". Respondió el rey Asuero, y dijo a la reina Ester: "¿Quién es, y dónde está, el que ha ensoberbecido su corazón para hacer esto?". Ester dijo: "El enemigo y adversario es este malvado Amán".

Cuestionario de la Biblia: Ester salva a su pueblo
1. Rey Asuero (Jerjes)
2. Para que el rey ahorcara allí a Mardoqueo
3. Ayunar (no comer por un periodo de tiempo)
4. Sostuvo frente a ella su centro de oro
5. El rey y Amán
6. Amán
7. Envió cartas a toda Persia permitiendo a los hebreos defenderse
8. 127 provincias
9. Tener derecho a reunirse para protegerse, arruinar, matar y destruir por completo cualquier ejército de cualquier grupo que pueda atacarlos a ellos y a sus mujeres e hijos, y tener derecho a tomar y destruir las propiedades de sus enemigos
10. Purim

Rompecabezas de versículo de la Biblia: ¡Descifra el código!
Ester dijo: "El enemigo y adversario es este malvado Amán". Entonces se turbó Amán delante del rey y de la reina (Ester 7:6).

Crucigrama de la Biblia: Ester salva a su pueblo

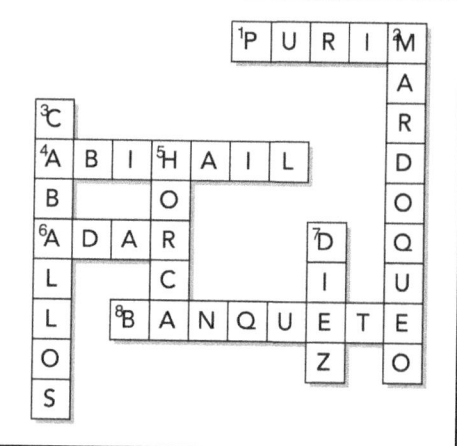

Hoja de trabajo: El antiguo banquete persa
1. La comida generalmente se servía en platos grandes, con una variedad de platillos, que incluían carnes asadas, platos de verduras, sopas y postres. Las bebidas incluían vinos, hidromiel y jugos de frutas
2. Músicos y bailarines brindaron entretenimiento, mientras que los invitados también pudieron participar en una variedad de juegos como ajedrez, backgammon y charadas
3. Los banquetes persas eran una forma en que las élites demostraban su riqueza y poder, y a menudo se realizaban para celebrar ocasiones especiales como bodas, coronaciones y otros eventos importantes. También fueron una forma de mostrar la riqueza culinaria y cultural del Imperio persa

www.biblepathwayadventures.com
La historia de ester: Libro de actividades
112

Hoja de trabajo: Purim

1. Ester 3:5-6: Cuando Amán vio que Mardoqueo no se inclinaba ante él ni le honraba, se enojó mucho. Amán se había enterado de que Mardoqueo era hebreo. Pero no se conformó con matar sólo a Mardoqueo. También quería encontrar una manera de destruir a todo el pueblo de Mardoqueo, los hebreos, en el reino de Persia

2. La festividad de Purim es una festividad anual que recuerda la liberación de los hebreos en la Persia de Amán, el agagueo. El 13 de Adar, siguiendo una nueva ley que les dio permiso para defenderse, los hebreos mataron a muchos de sus enemigos. El 14 de Adar descansaron y celebraron

Rompecabezas de la Biblia: Ordena las palabras de Ester

Ester, Mardoqueo, Amán, Rey Asuero, Vasti, Zeres, Hatac, Teres

Hoja de trabajo para colorear: Purim

1. Amán
2. Mardoqueo y Ester
3. Por el término "pur", que significa "echar suertes"

¡Descubre más Libros de Actividades!

Disponibles para comprar en www.biblepathwayadventures.com